GRAND LIVRE DU CANICHE

Catherine Baziret

GRAND LIVRE DU CANICHE

EDITIONS DE VECCHI S.A.
20, rue de la Trémoille
75008 PARIS

Photo de couverture de Cogis-Labat

Introduction

Il circule un certain nombre d'idées reçues qui veulent faire du Caniche avant tout un chien de salon ou tout au moins d'appartement. Et, s'il est vrai que ce chien s'accommode extrêmement bien de la vie urbaine, c'est d'abord grâce à l'adaptabilité dont fait preuve son caractère.
Mais, en réalité, les origines du Caniche sont extrêmement rustiques, puisqu'il fut longtemps utilisé pour la chasse au canard dans laquelle il excellait grâce à ses aptitudes exceptionnelles de nageur.

On considère également à tort le Caniche comme un chien d'entretien délicat. Cela n'est pourtant pas le cas, même s' il est vrai que sa toison mérite une attention particulière. Mais avec un peu d'habitude l'amateur éclairé pourra lui-même réaliser les tontes les plus classiques qui, certes, ne sont pas obligatoires ni nécessaires dans la vie quotidienne en appartement, mais le deviennent dès que l'on veut présenter le Caniche au concours, ou, s'il vit à la campagne, pour qu'il se salisse moins facilement. C'est, en effet, pour éviter que le chien ne se couvre de boue et ne s'accroche dans les buissons que les chasseurs ont adopté la tonte "en lion", afin de donner davantage de commodités à l'animal dans son travail aux marais.
Quant à l'intelligence vive et gaie de ce chien elle est, en revanche, maintenant reconnue et fait l'admiration de toute la famille.
On peut donc considérer sans parti pris aucun que le Caniche est le chien de toutes les situations. De grande taille, il préférera la campagne où il se montrera excellent chien de garde et remarquable retriever. Son caractère très doux en fera le compagnon des enfants et des personnes âgées. De plus petite taille, le nain ou le toy s'adapteront au milieu urbain et feront la joie de toute la famille par leur gaieté et leur caractère plus vif.
Ses ancêtres, les chiens d'eau portugais, lui ont légué une robuste santé ainsi qu' un caractère très attachant.
C'est pourquoi il est temps de sortir le Caniche des salons ampoulés et des images toutes faites, car il mérite bien mieux que cela. Ce merveilleux animal est, en effet, l'archétype même de ce qu'un maître est en droit d'attendre de son chien préféré: doux mais

enjoué, intelligent et farceur, prêt à toutes les aventures champêtres et aquatiques, affectueux et attachant, on serait tenté de penser après l'avoir côtoyé: "Et s'il n'en reste qu'un, que ce soit celui-là."

Caniches blancs

Origines - Evolution de la race

Peu de chiens ont donné lieu à autant de controverses quant à leurs origines. A croire que chacun a une hypothèse bien personnelle sur la façon dont le Caniche est devenu ce qu'il est aujourd'hui.

La plus flatteuse de ces suppositions est, sans conteste, celle avancée par le grand naturaliste monsieur de Buffon qui n'hésitait pas à considérer cette race comme "l'ancêtre de tous les chiens domestiques". Mais pour avantageuse qu'elle soit, cette hypothèse ne repose sur rien de suffisamment concret pour que l'on puisse aujourd'hui l'accréditer. Pas plus d'ailleurs que cette autre explication qui voudrait que le Caniche nous vienne des fins fonds du Moyen-Orient et soit implicitement associé au berceau de notre civilisation.

Certaines relations confirmeraient que le Caniche aurait accompagné les musulmans en 700 avant Jésus-Christ, lorsque ceux-ci commencèrent leur expansion vers l'Afrique du Nord, l'Espagne, puis la France. Ce serait au moment de leur séjour en Afrique du Nord que les troupes arabes parties de La Mecque se renforcèrent de Maures et de Berbères qui traditionnellement utilisaient ces chiens pour garder leurs troupeaux; ce qui n'aurait rien de surprenant si l'on considère les qualités du Caniche, capable de se comporter en excellent chien de berger sans qu'un grand effort d'éducation ne soit nécessaire.

Ces armées auraient donc poursuivi leur progression vers la péninsule ibérique accompagnées de leurs troupeaux, nécessaires à leur subsistance, et de chiens qui, semble-t-il, étaient des Barbets, chargés de veiller sur ce bien précieux.

C'est en arrivant au Portugal que le Barbet fit connaissance avec ses congénères européens, les fameux *Perro de Agua* et *Cao de Agua*, chiens d'eau réputés pour leurs qualités de chasseurs en mer et en étang, et qui auraient sympathisé avec leurs voisins arabes, si bien qu'il faudrait voir là l'origine d'une souche nouvelle dont serait directement issu notre Caniche; ce qui justifierait ses exceptionnelles qualités en milieu aquatique.

Mais d'où vient véritablement le Barbet? On lui prête des origines très diverses depuis les steppes polonaises jusqu'aux sierras espagnoles, en passant par les rives marécageuses de quelque lac américain. En réalité, les cynologues considèrent volontiers qu'il est effectivement lié à des invasions maures en Europe au VIe siècle où il s'implanta et se multiplia avec une extraordinaire rapidité. On admet généralement que le Barbet est une souche primitive d'une grande importance puisqu'il serait génétiquement l'ancêtre commun des Griffons, du Caniche, des chiens de bergers à poil long, et de l'Epagneul de Pont-Audemer. Selon toute vraisemblance, c'est donc de la rencontre du Barbet arabe et du chien d'eau portugais ou espagnol que naquit ce qui allait devenir, au fil des siècles, une race à part entière: le Caniche.

Au fil des siècles, en effet, car l'histoire continue... En 720, les armées victorieuses de l'Islam occupent le sud de la France, accompagnées de ces croisements inédits de Barbet et de *Cao de Agua*, qui survécurent sans problème à la cuisante défaite de Poitiers en 732 et qui, sans doute impressionnés par certaines races déjà implantées, tel l'Epagneul, les fréquentèrent assidûment. Cela aurait contribué à affiner cette mystérieuse progression qui, au bout du compte, allait consacrer certaines races de Caniches.

A l'appui de la vraisemblance de cette épopée, on peut noter que, lorsque le Barbet fait son apparition en Gaule vers le VIIIe siècle, notamment dans la vallée du Rhône, en Aquitaine et dans la vallée de la Loire, le chien se spécialisera en fonction de ses aptitudes naturelles dans la chasse aux canards. Les Barbets de petite taille seront nommés canichons, ce qui signifie "petit canard". Le pas est alors franchi, le Caniche sort des supputations généalogiques pour faire son entrée dans la sémantique: le Caniche est une race à part entière. Cela est l'hypothèse généralement retenue, mais elle n'est pas la seule et d'autres méritent peut-être d'être citées, ne serait-ce que dans l'éventualité — après tout fort possible — où ce malicieux petit chien pousserait l'impertinence jusqu'à ne pas se soumettre aux laborieuses théories mises en évidence par tant de chercheurs émérites et donnerait raison à quelque hypothèse plus fantaisiste.

Ainsi, selon certains, le nom de Caniche proviendrait plutôt de "chien à cane", qui lui aurait été attribué au regard de ses qualités particulières dans la chasse au canard, c'est somme toute très proche de la définition précédente.

Mais il y a plus grave: d'aucuns soutiennent, en effet, que le Caniche et le *Cao de Agua* proviennent tous deux du chien berbère en deux lignées séparées. L'une de ces lignées aurait fait souche dans la péninsule ibérique, tandis que l'autre, peut-être croisée avec d'autres races, se serait répandue en France avec les signes spécifiques du Caniche déjà fortement marqués.

Cette hypothèse est l'occasion de se poser une question fondamentale:

quelle est alors l'origine du Barbet? Il serait, selon certains, le descendant de l'Aftecharka, ou Bouvier russe, arrivé avec les Celtes en Europe occidentale cinq ou six cents ans avant Jésus-Christ, soit bien longtemps avant les invasions barbares. Ce qui pourrait expliquer la diffusion d'un chien de grande taille, mi-Bouvier mi-Berger, ayant l'apparence du Barbet que l'on trouve encore aujourd'hui dans la quasi-totalité des pays européens.

Nous le voyons, la vérité sera bien difficile à établir avec certitude, mais après tout s'il fallait tenter de reconstituer le trajet parcouru par l'être humain et son infinie diversité ethnique, notre embarras ne serait pas moindre.

Les choses deviennent plus claires, en ce qui concerne le Caniche, vers la fin du Moyen Age, époque à laquelle on rencontre les premiers Caniches plus ou moins toilettés, ou entièrement rasés, ce qui se pratiquait déjà pour les *Cao de Agua*, afin de leur donner davantage d'aisance dans l'eau et éviter que leur poil ne s'accroche dans les ronces et branchages dont étaient inévitablement encombrés les marais qu'ils fréquentaient lorsqu'ils chassaient le canard.

C'est au XVIIe siècle que le Caniche quitte peu à peu les marais pour entrer dans les salons. Pour satisfaire ces dames de la haute société, les éleveurs s'attachent à produire des sujets plus petits, et donc plus enclins à fréquenter les boudoirs. C'est ainsi que le Caniche nain fait son entrée à la cour du roi Louis XVI et que sa popularité va grandissante jusqu' au second Empire, alors souvent affublé de dentelles... Mais bien avant cela encore, le Caniche eut ses heures de gloire et fut immortalisé par des artistes anonymes ou, au contraire, fort célèbres. Ainsi on le trouve auprès d'une statue de saint Martin située à la cathédrale d'Aix, dans certains tableaux de Botticelli ou dans le *Tobie et l'Ange* de Pinturicchio, dans une forme non toilettée.

En revanche, on trouve le petit Caniche rasé de manière classique à la cathédrale d'Amiens (*Décollation de saint Firmin*, 1499). Rembrandt et Goya l'adoptèrent également, et ce sympathique petit chien fut longtemps à l'honneur dans le monde de l'art, que ce soit dans sa forme naturelle ou dans sa forme tondue.

Et cela nous amène à un autre point historique qui mérite que l'on s'y attarde et qui concerne la tonte de ce chien. On a souvent prétendu qu'il s'agirait de fantaisies d'apparat instituées au moment où les Caniches firent leur entrée dans les salons en qualité de chiens de compagnie. On associerait alors cette pratique à celles qui ont amené certains à parfumer leur Caniche et à le parer de luxueux atours.

Or il semble que cette version soit fort éloignée de la vérité. Comme le prouvent certaines représentations dont nous disposons, notamment deux gravures de l'Allemand Riediwger (1695-1767) représentant un Caniche tondu selon la forme dite "en lion" au moment où il se saisit d'un canard. Cette forme de tonte se retrouve d'ailleurs bien antérieurement, puisqu'un Caniche ainsi toiletté figure sur la célèbre tapisserie *La Dame à la Licorne* de Cluny.

Loin d'être une pratique de salon, la taille en lion était, répétons-le , effectuée pour faciliter le travail des chiens à la chasse. Que cette forme de toilettage ait, plus tard, séduit les riches dames de l'époque, est tout à fait vraisemblable, mais c'est une autre histoire n'ayant rien à voir avec l'origine historique de cette pratique qui n'est, en réalité, que la juste reconnaissance de la qualité du chien à chasser en marais. Cette coupe permet, en effet, au chien de se protéger du froid de l'eau sur la poitrine tandis que l'arrière-train rasé facilite sa nage et lui évite de s'engluer dans la boue; ce qui pourrait provoquer sa mort.

On laissa des pompons de poils, afin de protéger des rhumatismes ses jointures délicates et les poils furent également relevés au-dessus des yeux et réunis par une cordelette ou des rubans de soie de couleur afin de le repérer facilement au milieu d'une pièce d'eau embroussaillée.

C'est cette tonte en lion qui définit le standard du Caniche et constitue le point d'origine officiel de l'espèce en tant que telle. On peut donc légitimement se demander quelle est l'origine de ce standard et, là encore, celà n'étonnera personne, on se heurte à d'importantes divergences dans l'interprétation.

On trouve des archives mentionnant le Caniche en France, en Allemagne et en Russie, et ces pays passent pour avoir créé chacun une couleur: le blanc pour la France, le marron pour l'Allemagne et le noir pour la Russie. Cette évocation fantaisiste est d'ailleurs fortement exposée par une peinture de Frans Wyders (1595), qui nous montre des Caniches de couleur blanche avec des taches de couleur.

Il est, aujourd'hui, admis que le Caniche proprement dit est né en France, en dépit des récriminations des Danois et surtout des Allemands qui affirment que cette race existait déjà en 1600 en Allemagne et serait le produit du Berger allemand et d'un chien d'eau appelé "Pudel", apparenté au Barbet.

La présence du Caniche en France antérieurement au XVIIe siècle est attestée par de nombreux documents, dont certains le montrent sous son standard actuel avec le toilettage en lion qui le caractérise si bien. Du Caniche standard comment s'est-on orienté vers d'autres variétés de la race?

En effet, nous sommes ici en présence de l'une des seules races de chien à offrir autant de variétés: il en existe *quatre tailles* (le grand mesure de 45 à 58 cm, le moyen de 35 à 45 cm, le nain de 28 à 35 cm et le toy quant à lui ne dépasse pas 28 cm.

Quatre tailles donc, mais aussi *cinq couleurs*, le noir, le blanc, le marron, le gris et l'abricot. Selon certaines personnes, les sujets gris ou abricot seraient plus nerveux, tandis que les sujets marron ou noirs seraient plus calmes. Mais il semble que ces appréciations doivent être regardées avec une certaine circonspection et que le comportement de chaque cas dépend davantage d'une lignée que d'une taille ou d'une couleur.

Sur le plan du standard, le grand Caniche doit être la reproduction agrandie et développée du Caniche moyen dont il garde les caractéristiques. Dans les faits, ce sont les amateurs de chasse qui ont privilégié les grandes tailles, estimant qu'un animal plus haut et plus robuste était mieux armé pour ce genre d'exercice, et ceux-ci se sont donc attachés à perpétuer par une soigneuse sélection les sujets de grande taille qui, peu à peu, allaient devenir une variété à part entière.

Le Caniche nain, quant à lui, est le produit d'une vogue qui, vers les années cinquante, le propulsa vers une ascension si rapide qu'elle provoqua un engouement sans précédent dans l'Histoire.

Beaucoup virent dans ce phénoménal succès l'indice d'une mutation sociologique, touchant aux fondements de nos habitudes qui auraient subi un brutal changement, lequel signerait la fin d'une vieille tradition sportive éteinte à jamais pour cause de vie citadine. Il n'y aurait de ce fait que peu d'occasions de s'adonner à la chasse, aux promenades de plein air et autres exercices auxquels participe bien volontiers le Caniche.

Le Caniche nain, par sa taille plus modeste, semblait donc mieux répondre à une existence urbaine sur fond de tapis moelleux et de luxueuses tentures. Le Caniche ne fut d'ailleurs pas autrement surpris de cette tendance, l'ayant déjà expérimentée dès le XIVe siècle dans les boudoirs des gentes Dames, puis, après une période de désaffection, à l'époque du second Empire pendant lequel il fit un retour en force, avant de retomber de nouveau dans l'oubli à la fin du siècle dernier.

Mais dans les années cinquante, son succès dépassa tout ce que l'on pouvait imaginer et le Caniche nain devait se tailler un succès jusque-là inégalé.

Le Caniche nain est, il est vrai, servi par son caractère plutôt gai et sa sociabilité. De proportions modestes et d'entretien facile, puisque ne muant pas, il exempte le maître des astreintes relatives au brossage, et épargne moquettes et rideaux qui ne se voient pas ainsi envahis des poils laissés par l'animal.

Il faut cependant noter que cela ne dispense en rien le maître d'effectuer un toilettage régulier, indispensable si l'on veut éviter que la robe de l'animal ne prenne un air négligé. Remarquez également que le Caniche nain est souvent tondu selon la forme dite en lion, bien que visiblement il n'ait plus jamais été recherché pour ses aptitudes à la chasse.

Le Caniche nain est un descendant relativement récent du Caniche standard et l'une des étapes qui permit d'évoluer vers le Caniche toy. Au début de son essor, le Caniche nain fut un peu victime de son fulgurant succès et, afin de satisfaire une demande de croissance exponentielle, certains produisirent des chiens provenant de souches mal choisies.

En effet, certains propriétaires voyaient là la possibilité de rentabiliser rapidement la coûteuse acquisition d'un sujet, l'accouplaient avec un autre Caniche "emprunté" à un ami ou un voisin, mais qui ne possédait pas pour autant, et loin s'en fallait parfois, les caractéristiques souhaitables pour obtenir un sujet conforme aux normes.

Ainsi en résulta-t-il une grande quantité de chiots sans type précis, qui manquaient, pour la plupart, de la conformation et du tempérament adéquats. Fort heureusement cette tendance devait ensuite s'inverser et, aujourd'hui, le Caniche nain est devenu une variété remarquablement standardisée. La qualité de la race est devenue telle qu'elle remporte de grands succès d'exposition dans le monde entier.

L'histoire du Caniche nain est indissociable de celle de la quatrième variété: le Caniche toy. Au départ, en effet, certains éleveurs produisaient des individus de très petite taille en nombre limité, lorsqu'ils s'aperçurent de l'engouement du public pour les sujets les plus petits. Ceux qui élevaient des Caniches nains de façon habituelle s'aperçurent bien vite que les plus petits spécimens se vendaient beaucoup mieux que les autres. Si bien qu'au milieu des années cinquante la variété des toys était si importante en Amérique, en France et en Grande-Bretagne qu'il devint possible de les faire figurer sur un registre particulier.

Néanmoins, des conceptions différentes se développèrent, opposant les éleveurs américains à leurs homologues d'outre-Atlantique; les premiers, en effet, dans un pays où tout se conjugue avec rapidité (avec précipitation diront certains), vont se hâter de sacrifier certaines qualités et particularités du type toy, en recherchant encore à la rapetisser.

Ainsi, furent employés des sujets excessivement petits afin d'obtenir des modèles encore plus réduits, mais cela se fit au détriment de la qualité de l'animal, chez lequel on rencontrait notamment tête fléchissante et yeux exorbités.

Chez nos voisins britanniques, la démarche fut tout à fait différente, et cela dans le but d'obtenir une variété certes miniaturisée, mais conservant de bonnes qualités. Cela leur a permis de produire, en peu de temps, des sujets d'une qualité supérieure, mais ayant une certaine tendance à dépasser en grandissant les normes établies, c'est-à-dire les fatidiques 11 pouces (27,5 cm), alors que les Américains avaient, pour leur part, fixé la limite à 10 pouces (25 cm).

Avec le temps, fort heureusement, une certaine harmonisation fut obtenue grâce à un échange anglo-américain, qui permit un brassage et une normalisation de cette variété.

Sur le plan des particularités, le Caniche toy hérite de son grand frère le standard, et est tondu de la même manière. Il ne mue pas, mais exige un toilettage attentif, et possède la même intelligence et gaieté de caractère.

Ainsi, les quatre variétés de Caniche nous fournissent-elles un admirable raccourci de l'histoire sociale de la gent canine.

D'origine incertaine, d'abord sélectionné pour ses aptitudes de chasseur,

le Caniche évoluait ensuite pour satisfaire d'autres exigences et s'intégrer dans un mode de vie urbain. Remarquable adaptation de la race et de ses variétés qui, chacune d'elles, surent garder les qualités premières qui les firent apprécier.
Ainsi en quelques dizaines d'années, le Caniche nous donne l'exemple d'une évolution réussie et d'une adaptation, alors que d'autres espèces animales ne réussirent une mutation similaire qu'à l'issue d'une évolution parfois longue de plusieurs millénaires. Il est vrai que le Caniche fut un peu aidé par la main de l'homme qui, lorsqu'il le veut bien, est capable des réalisations les plus admirables. Ce ne sont pas les Caniches qui viendront vous dire le contraire...

Le standard

Un certificat de conformité: le standard général

Aspect général

Très éveillé, actif, ce chien donne une impression d'élégance et de fierté. Sa démarche doit être légère et sautillante, jamais coulante et allongée. Il doit avoir l'aspect d'un animal harmonieusement établi.

Classé dans la catégorie utilitaire et de compagnie, chien de type médioligne, à fourrure frisée caractéristique, bouclée ou cordée, tondue sur l'arrière-train et les membres.

On distingue pour les expositions deux variétés de poil: bouclé et cordé (Caniche royal). Trois tailles différentes: grand (45 à 55 cm maximum), moyen (35 à 45 cm), nain (moins de 35 cm). Trois couleurs de base: noir,

blanc et marron dont il ne faut pas s'écarter sous peine de faire dégénérer la race.
En Angleterre, on distingue encore le "toy", version miniaturisée du nain (20 à 30 cm).
Le toilettage obligatoire en exposition n'est pas nécessaire pour la reproduction.

Tête

Elle doit être fine, marquée d'une légère protubérance à l'arrière.
Le crâne n'est pas large et a un stop moyennement accusé. Masque énergique et bien modelé. L'ensemble de la tête doit être proportionné à la taille du chien. Yeux en amande ou ovales et sombres. Oreilles longues, larges, tombant le long des joues, plantées bas. Dents blanches, fortes, en ciseaux, s'adaptant normalement. Une collection complète de 42 dents est souhaitable. Cou bien proportionné et de bonne longueur.

Membres antérieurs

Epaules solides, musclées, fuyantes. Poitrine profonde et modérément large. Côtes bien ouvertes et arrondies. Dos court, fort, légèrement creusé. Cuisses bien développées et musclées, genoux bien arqués et jarrets bien droits, pieds fermes, plutôt petits proportionnellement, et de forme ovale, doigts bien arqués. Queue plantée relativement haut, portée relevée en oblique.

Allure

Avance en droite ligne au trot avec des moments de course rapide. Les jambes remuent parallèlement.

Robe et couleurs

Robe fournie, dense, de texture rude. Toutes les couleurs assez prononcées.

Taille

Au-dessus de 15 pouces (37,5 cm).

Caractère

Bien que n'étant presque plus utilisé à la chasse, le Caniche demeure un excellent chien au marais (canards). Activité qui lui est encore dévolue en Amérique et en Angleterre. Dans les autres pays, ce chien de chasse est depuis fort longtemps apprécié comme chien d'appartement, chien de cirque et même chien de garde (grand Caniche). Il est réputé pour sa fidélité, son intelligence vive et ses qualités olfactives. Naturellement propre, facile à éduquer, il est considéré comme le chien de compagnie par excellence, bien que certains excès dus aux vicissitudes de la mode (reproduction trop intensive pour satisfaire la demande) aient porté atteinte à la race en maintes occasions.

Chien réputé pour sa fidélité, apte à apprendre et à être dressé, ce qui en fait un chien de compagnie particulièrement agréable, mais qui supporte assez mal la solitude.

De tempérament assez nerveux, très émotif, il peut être sujet à de légers troubles de caractère. Il vit très vieux, souvent au-delà de quinze ans, mais sa vieillesse s'accompagne souvent d'insuffisance cardiaque et de troubles vasculaires cérébraux, oculaires ou tégumentaires. La nourriture doit être adaptée à la taille du sujet. Son poil nécessite un brossage deux ou trois fois par semaine et un toilettage tous les mois ou tous les deux mois. L'intérieur de ses oreilles doit être épilé et nettoyé régulièrement.

La queue des Caniches est raccourcie dès la naissance, aux deux tiers chez les nains et les moyens, de moitié chez les grands et les bouclés. Les cordés la conservent intacte.

La patience et la grande faculté d'adaptation à des situations très diverses font du Caniche un chien disposé à mener n'importe quel genre de vie, urbain ou rustique. Le confort douillet d'un appartement bourgeois du XVIe arrondissement de Paris lui conviendra aussi bien que le charme campagnard d'une chaumière normande au milieu de son pré de pommiers.

La présence d'enfants au foyer, loin de l'incommoder, l'enchante au contraire, lui donnant prétexte à mille jeux et facéties dont il a le secret. Très sensible il saura détecter aussitôt quelque mésentente dans l'harmonie familiale autant qu'il aura plaisir à s'associer aux événements les plus heureux en manifestant fougueusement sa joie.

Compagnon toujours agréable à regarder, volontiers espiègle, il est doué d'une étonnante capacité de réflexion et peut se prendre d'intérêt pour les tâches les plus inattendues, telles que rassembler un troupeau de moutons, bien que ses caractéristiques ne le prédisposent en rien à ce type d'activité.

C'est le chien polyvalent par excellence et qui ne pose jamais de problèmes d'adaptation ni de cohabitation avec des congénères d'autres races, même si son dynamisme inépuisable et son goût du jeu peuvent lasser d'autres types de chiens moins enjoués.

Aucune race autre que le Caniche ne possède cette douceur et cette faculté d'adaptation alliées à une mémoire prodigieuse et à une gaieté vive et communicative. Son intelligence légendaire l'a fait utiliser pour les exercices de cirque dans lesquels il excelle sans pour autant perdre de sa dignité.

Il n'est pas exceptionnel de le voir utilisé pour la recherche de la truffe, le gardiennage des troupeaux ou la pratique de la chasse, encore que trop rarement et notamment en ce qui concerne la chasse au canard pour laquelle il excelle.

Certains recommandent dans ce cas d'abandonner la tonte en lion trop longue à sécher pour une demi-tonte plus aérée et ne conservant qu'une plus faible longueur de poil.

Toutes les personnes ayant possédé un

Caniche ne manquent pas d'anecdotes à raconter, qui mettent en évidence la capacité de réflexion, le dévouement et la bonté naturelle de ce chien. Son esprit d'observation, sa curiosité le poussent à s'intéresser à tout ce que fait son maître et à en comprendre la finalité. A cet égard, il s'agit certainement du chien dont la psychologie est la plus évoluée.

Standard point par point

Tête

Rectiligne, proportionnée au corps. Crâne bien modelé de forme ovale. Arcades sourcilières peu saillantes. Sillon frontal large entre les yeux. Stop très peu marqué. Chanfrein rectiligne, élégant, non pointu. Sa lon-

Bianca de Montesot. Naine blanche. Elevage de la Boire des Pinots

gueur doit être d'un peu plus des deux cinquièmes de la hauteur du chien au garrot. Sans lourdeur et massivité, non plus que sans finesse outrée. La sculpture doit apparaître sous la peau qui la recouvre. Le caractère typique de la tête du Caniche provient des axes longitudinaux du crâne et de la face légèrement divergents. La tête doit être ciselée et sculptée, et avoir une peau fine, lisse et tendue.

Chanfrein: profil supérieur rectiligne. Sa longueur est d'environ les neuf dixièmes de celle du crâne. Les deux branches du maxillaire inférieur se prolongent presque parallèlement. L'aspect du chanfrein est solide, élégant mais pas pointu. Le profil inférieur du chanfrein est donné par la mandibule et non par le bord de la lèvre supérieure.

Lèvres: légèrement développées, plutôt sèches, d'épaisseur moyenne. La lèvre supérieure reposant sur l'inférieure, sans retomber. Noires chez les sujets noirs, blancs et gris, pigmentées chez les marron, colorées selon toute la gamme du marron foncé pouvant aller jusqu'au noir, sans que cette dernière couleur ne soit préférée, mais acceptée, chez les sujets abricot. La commissure des lèvres ne doit pas être accusée.

Mâchoires: normalement adaptées, dents solides.

Joues: pas saillantes, se modelant sur les os. Les arcades sous-orbitaires ciselées et peu remplies. Les masseters, base anatomique des joues, peu développés, les arcades zygomatiques très peu saillantes.

Stop: très peu marqué de chien médioligne.

Crâne: bien modelé, sa largeur est moindre que la moitié de la longueur de la tête (direction des axes formant un angle axiofacial de l'ordre de 16 à 19°). L'ensemble du crâne vu de dessus apparaît ovale dans le sens longitudinal et vu de profil légèrement convexe. Les axes longitudinaux sont légèrement divergents.

Arcades sourcilières: modérément saillantes, couvertes de poils longs.

Sillon frontal: large entre les yeux, allant en diminuant vers l'occiput, qui est très accusé. (Chez les nains, il peut être moins accusé.)

Yeux: d'expression ardente, situés à la hauteur du stop et légèrement obliques. Le tracé des paupières donne aux yeux une forme d'amande. Noirs ou bruns très foncés pour les caniches noirs, les blancs, les gris et les abricot, les yeux peuvent être ambre foncé pour les sujets marron.

Oreilles: assez longues, tombantes le long des joues, attachées sur le prolongement d'une ligne partant du dessus de la truffe, passant sous la pointe externe de l'œil, plates, s'élargissant

après l'attache et arrondies à l'extrémité, elles sont recouvertes de poils ondulés et très longs. Le Caniche dont l'oreille n'atteint pas la commissure des lèvres ne pourra pas obtenir le qualificatif "excellent".

Encolure: solide, légèrement arquée après la nuque, de longueur moyenne, bien proportionnée, la tête portée haut et fière. Pas de fanons. Cou de section ovale, sa longueur est inférieure à celle de la tête.

Truffe: elle sera grande, humide aux narines bien ouvertes, à ligne de profil verticale. Sa pigmentation doit être noire chez les sujets noirs et les sujets blancs, marron chez les sujets marron, noire chez les sujets gris, marron plus ou moins foncé ou grise chez les sujets abricot. Sur ce dernier point il faut préciser qu'en ce qui concerne le sujet abricot la coloration est admise dans toute la gamme du marron foncé pouvant aller jusqu'au noir, sans que cette dernière couleur ne soit préférée, mais acceptée pour éviter une possible dépigmentation.

Corps

L'apparence générale du corps du Caniche est de bonnes proportions, la hauteur au garrot et la longueur du corps étant sensiblement les mêmes. Cou solide, sec, élégant, légèrement arqué à la nuque, sans fanon. Poitrine descendue à la hauteur du coude. Dos court, ni voussé, ni ensellé. Ventre et flancs remontés sans être levrettées. Membres antérieurs: garrot très légèrement saillant, pattes antérieures parfaitement droites et parallèles. Pieds petits, fermes, d'un ovale court. Membres postérieurs: cuisses bien musclées et robustes. Pattes postérieures parallèles vues de derrière, muscles très développés et très apparents. Jarrets coudés.

Fouet: attaché à la hauteur de la ligne du rein. Il devra être écourté au tiers, le plus près du corps ou à la moitié de la longueur naturelle chez les Caniches bouclés. Il pourra être conservé dans toute sa longueur chez les Caniches cordés. Le fouet est relevé obliquement en action.

Poitrail: normal d'un chien médioligne, l'extrémité du sternum doit être légèrement saillante et être située assez haut, ce qui donne un port de tête plus relevé, plus facile, plus noble.

Poitrine: descendue à la hauteur du coude, la largeur est égale aux deux tiers de sa hauteur (de la colonne vertébrale au sternum). Le périmètre thoracique pris derrière les épaules doit être supérieur de 10 cm au moins à la hauteur au garrot.

Côtes: vaisseau ovale, large à la partie dorsale.

Dos: d'une ligne harmonieuse, court, il ne doit être ni voussé, ni ensellé. La hauteur du sol au garrot étant sensiblement la même que celle du sol à la croupe.

Reins: fermes et musclés.

Ventre et flancs: remontés sans être levrettés.

Croupe: arrondie, mais pas tombante.

Queue: attachée assez haut à la hauteur de la ligne du rein. Elle devra être écourtée d'un tiers le plus près du corps ou à la moitié de la longueur naturelle chez les Caniches bouclés. Toutefois, une queue longue et bien portée n'est pas une faute. Elle pourra être conservée dans toute sa longueur chez les Caniches cordés. La queue est relevée obliquement en action.

Membres antérieurs

Epaule et bras: garrot modérément développé. Epaule oblique, musclée. L'omoplate formant avec l'humérus un angle de 90 à 110°. La longueur de l'humérus correspondant à celle de l'omoplate.

Avant-bras: pattes antérieures parfaitement droites et parallèles, élégantes, bien musclées avec de bons os. La hauteur du coude au sol est des 5/9 de la hauteur du garrot au sol.

Carpes: continuant la ligne antérieure de l'avant-bras.

Métacarpes: solides, sans massivité et presque droits vus de profil.

Pieds: plutôt petits, fermes, d'un ovale court. Les doigts sont bien arqués, nerveux, compacts, palmés, reposant d'aplomb sur la sole dure et épaisse. Les ongles sont noirs chez les noirs et les gris, noirs ou marron chez les marron. Chez les blancs, les ongles peuvent être colorés selon toute la gamme corne allant jusqu'au noir et doivent correspondre à la pigmentation. Les ongles blancs restent un défaut. Chez les abricot, ils doivent être colorés selon toute la gamme du marron foncé pouvant aller jusqu'au noir, sans que

Carle, 11 mois. Caniche abricot. Elevage de Daim-Pré

cette dernière couleur ne soit préférée, mais acceptée.

Membres postérieurs

Cuisses: bien musclées et robustes.

Jambes: pattes postérieures parallèles, vues de derrière, muscles développés et très apparents. Le raccordement avec le jarret est assez coudé. Les angles: coxo-fémoral, tibia-fémoral et tibia-tarsien, doivent être assez accusés afin d'éviter un ensemble droit qui entraîne parfois une croupe inclinée non désirable.

Tarse et métatarse: direction verticale. Le Caniche doit naître sans ergots aux pattes postérieures.

Pieds: voir *membres antérieurs*.

Robe

Couleur: Caniche à poil bouclé ou cordé: noir, blanc, marron, gris et abricot.

• Le marron doit être franc, assez foncé, uniforme et chaud. Les graduations dans la teinte marron ne doivent pas atteindre le beige ni ses dérivés plus clairs. La robe ne doit pas non plus atteindre la couleur marron foncé ayant une remontée trop nette sur le noir, c'est-à-dire tête de nègre ou aubergine.

• Le gris doit être uniforme. Les gradations dans la teinte grise ne doivent atteindre ni le noir ni le blanc.

• L'abricot doit être d'une teinte uniforme sans tirer sur le beige ou le crème, ni atteindre le marron ou ses dérivés.

Tonte: le Caniche, qu'il soit à poil bouclé ou cordé, sera tondu sur l'arrière-train jusqu'aux côtes; sur la tête, qui demeure avec un casque de hauteur raisonnable; ainsi que sur le cou en descendant derrière, jusqu'au garrot et devant sans discontinuité jusqu'à la partie rasée du pied, selon une ligne légèrement oblique depuis le haut du poitrail.
Seront également tondus: le museau au-dessus et au-dessous à partir des paupières inférieures; les pattes, à l'exception des manchettes, des bracelets et des motifs facultatifs sur l'arrière-train; la queue, sauf un pompon terminal rond ou oblong. Le port de la moustache est indiqué pour tous les sujets. Le maintien de la fourrure aux membres antérieurs, dit "pantalon", est admis.

Toilette en lion: le Caniche, qu'il présente un poil bouclé ou cordé, sera tondu sur l'arrière-train jusqu'aux côtes.
Seront également tondus: le museau, au-dessus et au-dessous à partir des paupières inférieures; les joues et les pattes antérieures et postérieures, sauf des manchettes ou bracelets et des

motifs facultatifs sur l'arrière-train, la queue sauf un pompon terminal rond ou oblong. Le port de la moustache est indiqué pour tous les sujets. Le maintien de la fourrure aux membres antérieurs, dits "pantalons" est admis.

Toilette moderne: le maintien de la toison aux quatres membres est admis à la condition expresse que les normes suivantes soient respectées.

- Seront tondus:
— le bas des membres antérieurs, depuis les ongles jusqu'à la pointe de l'ergot, le bas des membres postérieurs jusqu'à une hauteur équivalente. Le dégagement à la tondeuse, limité aux seuls doigts, est admis;
— la tête et la queue selon les règles précédemment décrites.

Seront exceptionnellement admis dans cette toilette:
— la présence, sous le maxillaire inférieur, d'une courte toison ne dépassant pas un centimètre d'épaisseur et dont la ligne inférieure devra être taillée parallèlement au maxillaire. La barbe dite "de bouc" n'est pas tolérée;
— la suppression du pompon de la queue (mais ceci diminuera un peu le coefficient "texture du poil").

- Poils raccourcis:
— sur le corps, pour présenter sur la ligne dorsale une moirure plus ou moins longue d'au moins un centimètre. La longueur de la toison se-

Les championnes. De gauche à droite: Boxadan Fanny Bella (Caniche blanc); Dolli Anuscha (Caniche marron); Dolli Patriccia (Caniche noir) à A. Scapin

ra augmentée progressivement autour des côtes et en haut des membres.

- Toison régularisée:
— sur la tête qui demeure avec un casque de hauteur raisonnable ainsi que sur le cou en descendant derrière jusqu'au garrot et devant, sans discontinuité jusqu'à la partie rasée du pied selon une ligne légèrement oblique depuis le haut du poitrail. En haut des oreilles et jusqu'à un tiers de leur longueur au maximum, la toison peut être raccourcie aux ciseaux ou tondue dans le sens du poil. La partie inférieure sera laissée couverte de poils d'une longueur augmentant progressivement de haut en bas pour se terminer en franges qui peuvent être égalisées;
— sur les membres, pantalons marquant une nette transition avec la partie tondue des pieds. La longueur du poil augmente progressivement vers le haut pour présenter sur l'épaule comme sur la cuisse, une longueur de 4 à 7 cm, mesurée poils étirés, proportionnellement à la taille du sujet mais en évitant tout "bouffant". Le pantalon postérieur doit laisser ressortir l'angulation typique du Caniche. Toute fantaisie s'écartant de ces normes standard est éliminatoire. Quelle que soit la silhouette standard obtenue par le toilettage, celle-ci ne doit en rien influencer le classement dans les expositions, tous les chiens d'une même classe devant être jugés et classés ensemble.

Toilette à l'anglaise: à la toilette en lion ajoutez des motifs sur l'arrière-main, c'est-à-dire, des bracelets et des manchettes. Sur la tête: un *top-knot*. La moustache est facultative.

Poil

Caniche à poil bouclé: poil abondant d'une texture fine, laineuse bien frisée, élastique et résistante à la pression de la main. Il doit être épais, bien fourni, de longueur uniforme formant des boucles égales et généralement peignées. Le poil dur au toucher donnant une impression de crin est indésirable et sera rétrogradé par rapport à celui de texture réglementaire.

Caniche à poil cordé: poil abondant, d'une texture fine, laineuse et serrée, formant des cordelettes bien caractérisées, de longueur égalisée. Elles doivent avoir au moins 20 cm. Plus elles seront longues, plus elles seront appréciées. Les cordes de chaque côté de la tête peuvent être retenues par un lien au-dessus des oreilles et celles du corps réparties de chaque côté, pour éviter une toison en désordre.

Peau

Souple, sans laxité, teintée. Les Caniches noirs, les marron, les gris et les abricot doivent avoir une pigmenta-

Toilettage à l'anglaise. Caniche nain de l'élevage Ker Cottuch'Hent

tion en concordance avec la couleur de la robe: pour les blancs, la peau argentée est recherchée, mais la pigmentation ne doit pas altérer la couleur de la robe. Il existe aussi des Caniches blancs dont la peau claire présente l'aspect d'un truffage, non seulement aux parties internes, ce qui est fréquent, mais encore sur le reste du corps, cela ne constituant pas un défaut. La pigmentation générale est à rechercher dans sa plus grande intensité aux paupières, truffe, lèvres, gencives, palais, muqueuses, orifices naturels, scrotum, soles. Elle doit être noire chez les sujets noirs, les blancs, les gris; brun foncé chez les marron. Chez les abricot, elle doit être aussi uniforme et foncée que possible, selon toute la gamme du marron foncé pouvant aller jusqu'au noir, sans que cette dernière couleur ne soit préférée, mais acceptée pour éviter une possible dépigmentation.

Taille

Grands Caniches: au-dessus de 45 cm, jusqu'à 58 cm. Le grand Caniche doit être la reproduction agrandie et développée du Caniche moyen dont il garde les mêmes caractéristiques.

Caniches moyens: au-dessus de 35 cm, jusqu'à 45 cm.

Caniches nains: au-dessus de 28 cm, jusqu'à 35 cm. Le Caniche nain doit offrir, dans son ensemble, l'aspect d'un Caniche moyen réduit, gardant autant que possible les mêmes proportions et ne présentant aucune apparence de nanisme.

Caniches toys: au-dessous de 28 cm (type idéal recherché: la taille de 25 cm). Le Caniche toy conserve dans son ensemble l'aspect du Caniche nain et les mêmes proportions générales répondant à toutes les exigences du standard. Toute présence de nanisme est exclue, seule la crête occipitale peut être moins accusée.

Soldino de la "Vecchia fattoria". Nain blanc. Eleveur et propriétaire: élevage de la "Vecchia fattoria" de S. Suppa

Poids

Non mentionné au standard, il est, en général, de 20 kg pour le grand, 10 kg pour le moyen et 6 kg pour le nain.

Défauts

Anatomiques et de type: .chanfrein trop mince ou pointu, nez busqué. Truffe petite et insuffisamment ouverte ou trop grande. Manque de stop ou stop trop accusé. Yeux trop grands ou trop petits, insuffisamment foncés ou à lueur rouge. Oreilles trop courtes, trop étroites ou portées repliées. Le prognathisme inférieur est un défaut qui doit être pénalisé selon sa gravité. Les dents jaunes, par suite de la maladie de Carré, ne constituent pas un défaut si ces dents sont correctement placées. Les dents mal rangées

Dolli André, champion italien et international à A. Scapin

ou manquantes constituent un défaut proportionnel à la gravité de l'irrégularité. Toutes les incisives, canines et molaires doivent être présentes: le manque d'une prémolaire (1 Pl) n'entraîne pas de pénalisation; le manque de deux prémolaires (2 Pl): qualificatif "excellent"; le manque de 3 prémolaires (3 Pl ou 2 Pl et 1 P2): qualificatif "très bon". Croupe tombante. Membres postérieurs trop droits. Chien trop enlevé. Queue recourbée sur le dos, trop mince ou attachée trop bas. Démarche coulante ou allongée. Truffe décolorée ou tachetée. Ladre. Pigmentation générale insuffisante, dépigmentation palpébrale, lunettes ou manque de poil autour des yeux.
Poil clairsemé ou mou. Couleur indécise ou non uniforme. Quelques poils blancs sont tolérés au poitrail. Sujet méchant, agressif ou trop nerveux. Tout sujet atteint de nanisme ne peut accéder à l'excellent. Les signes les plus évidents du nanisme sont: crâne globuleux, disparition de la crête occipitale, stop accusé, œil proéminent, chanfrein pointu, trop court ou remouché, maxillaire inférieur rétracté, absence de menton.

Eliminatoires: taches blanches. Poils blancs aux pattes. Sujets dont la robe n'est pas unicolore. Monorchidie. Cryptorchidie. Anoures. Ergots ou traces d'ergots aux pattes postérieures. Prognathisme supérieur.

Sujets dépassant 60 cm: les Caniches qui ne sont pas toilettés conformément au standard ne pourront (tant qu'ils seront ainsi) être jugés pour les récompenses en expositions et manifestations officielles, sans toutefois être disqualifiés pour la reproduction.

N.B.: les mâles doivent avoir deux testicules d'apparence normale, complètement descendus dans le scrotum.

Tel est le standard très officiel qui, bien entendu, ne préoccupera pas tout le monde, mais témoigne néanmoins d'une recherche de qualité certaine du chien et du respect de ses origines.

Un proche parent: le Barbet

Il est reconnu que tous les Caniches, qu'ils soient à poil bouclé ou à poil cordé, descendent du Barbet, ancêtre commun de plusieurs chiens de chasse au marais et de chiens de berger type Briard.
Il semble utile de consacrer quelques lignes descriptives à cet ancêtre du Caniche qui en a gardé quelques caractéristiques primitives même si, on le constatera à la lecture de ces lignes, le Caniche a connu une évolution différente et a spécifié quelques-uns de ces caractères propres.
D'une taille de 45 à 55 cm, ce type ancien de Griffon à poil long, ramassé, vigoureux et très rustique, se caractérise par un pelage exubérant, laineux et frisé, rassemblé en mèches longues, qui lui assure une bonne protection contre l'eau.

Excellent nageur, il est totalement insensible au froid et peut nager durant des heures dans l'eau glaciale. En revanche, il n'a pas beaucoup de nez. Courageux et infatigable, le Barbet est servi par une vigueur et une résistance peu communes. Il est extrêmement intelligent et très attaché à ses maîtres. Son aspect général, selon les critères officiels, est le suivant.

Tête: crâne rond et large. Front développé. Chanfrein large et court. Nez brun ou noir. Museau assez court et taillé en carré. Lèvres épaisses, entièrement recouvertes de longs poils. Yeux ronds recouverts par d'épais et longs sourcils retombant jusqu'au chanfrein. Oreilles attachées bas, longues, plates, garnies de longs poils frisés formant des mèches.

Corps: long. Cou ramassé. Poitrine large, développée et assez profonde. Côtes arrondies. Dos légèrement convexe. Reins arqués, courts et forts. Croupe ronde. Epaules droites. Bras forts et musclés. Jambes antérieures droites avec forte ossature, recouvertes de longs poils. Cuisses droites et bien gigotées. Jarrets bas, assez coudés. Bons aplombs. Pieds ronds, larges, recouverts de poils.

Fouet: attaché bas, un peu relevé en forme de crochet.

Robe: très épaisse. Poil long, laineux, ondulé et même frisé, formant des mèches, rassemblées souvent par plaques. Couleurs: gris, noir, café au lait, blanc sale, blanc et marron, blanc et noir.

Défauts: crâne étroit. Chanfrein mince et long. Nez rose. Lèvres fines. Yeux découverts. Oreilles attachées haut, courtes et étroites. Dos creux. Reins longs et faibles. Croupe droite. Fouet attaché haut. Epaules obliques. Bras maigres. Jambes antérieures maigres et fines.

Les connaisseurs auront remarqué chez ce chien des atavismes que l'on peut retrouver, pour certains, chez le Caniche en dépit d'une apparence résolument différente. En effet, la spécificité du Caniche est telle qu'il est devenu une race à part entière à la suite d'une évolution dont, il faut bien le reconnaître, il nous manque quelques maillons.

Pasbidonstary's M[illegible]chery Stephany. Eleveur J.W. Allen, élevage [illegible] "[illegible]cchia fattoria" de S. Suppa

La championne Superstar's Stellablu. Propriétaire Lisbeth Mach

Ci-dessous: Pasbidonstary's Little Sunday Doll et sa fille Strass de la "Vecchia fattoria" âgée de 45 jours. Eleveur: J.W. Galen; propriétaire: élevage de la "Vecchia fattoria" de S. Suppa

Son caractère

Le tempérament du Caniche

Le Caniche, depuis maintenant bien longtemps, est considéré comme le chien de compagnie par excellence. Et, s'il est vrai que c'est un charmant compagnon, il ne faut pourtant pas oublier qu'à l'origine, il était chien de chasse, et particulièrement au canard d'où il tire son nom. Votre Caniche aimera donc certainement l'eau et vous ramènera à l'occasion quelque gibier ou oiseau trouvé lors d'une de ses balades.

Docile et d'une remarquable intelligence, il ne posera aucun problème pour son éducation, se pliant volontiers à vos exigences, du moment qu'elles lui sont bien formulées. Gai et vif, le Caniche ne peut que séduire par cet esprit d'initiative toujours en éveil. Compagnon idéal des enfants, il appréciera leur présence et leurs jeux, apprenant volontiers les petits tours qu'ils voudront lui enseigner.

En revanche, le Caniche a horreur de la solitude. Etre en permanence avec son maître est pour lui le bonheur, et l'absence de son maître est pour lui une épreuve. Patient et d'une grande faculté d'adaptation, il s'habitue à toutes les situations, du moment qu'il les comprend. Car si le mot "réflexion" à l'égard d'un chien fait sourire certaines personnes, celui qui connaît le Caniche ne peut qu'employer ce terme. Parlez-lui, apprenez-lui des petits tours, vous verrez qu'il vous écoute et vous comprend très rapidement. Ce n'est pas un hasard si le Caniche est souvent employé comme chien de cirque. Son aptitude au jeu et sa vive intelligence justifient ce choix. Il semble ne lui manquer que la parole... Il témoigne d'une capacité particulière à résoudre spontanément toute difficulté nouvelle. Doté d'une extraordinaire mémoire, le Caniche retiendra très rapidement ce que vous lui enseignez.

Mais attention, s'il est capable de retenir une leçon de dressage, il est aussi marqué par toute erreur. Il est donc très important de prendre le maximum de précautions durant la huitième et la neuvième semaine de son existence.

A cette période, dite période d'empreinte, toute sensation comme la peur, la frayeur, s'imprime de façon irréversible dans la vie du chien. D'où

l'importance de faire preuve de beaucoup de gentillesse et de calme vis-à-vis de son Caniche durant cette période déterminante.
Sa mémoire est étonnante, son flair et son ouïe aussi! Il est capable de faire la différence entre votre pas et celui d'un visiteur, la différence entre votre voiture qui arrive et une autre de la même marque. Il comprend très vite, enregistre très bien et est un peu comédien à l'occasion, lorsque cela l'arrange. Très malin, il peut simuler un état maladif, car il s'est bien vite aperçu que lors de ces moments, vous étiez bien plus attentionné et lui laissiez même le privilège... de dormir dans votre lit! Alors, ne commettez jamais cette erreur, même s'il est malade. A coup sûr, il saurait très vite comment faire pour renouveler l'expérience!

Le langage du Caniche

Attention, ne nous méprenons pas. Lorsque l'on parle du langage chez un chien, ce n'est pas de mots dont il s'agit, mais de tout un processus de gestes, d'attitudes, de comportements qui sont très "parlants". Le Caniche sait très bien se faire comprendre. Regardez-le lorsqu'il rencontre l'un de ses congénères. Il marque un temps d'arrêt, se raidit en dressant ses oreilles. Il jauge l'inconnu. Puis, à pas mesurés, il s'approche, va renifler l'étranger, le flaire sous toutes les coutures et suivant son jugement, entame une joyeuse partie de jeux, s'en va dignement ou reste sur la défensive si ce compagnon de rencontre semble un tant soit peu agressif.
Il est important d'observer le compor-

Spoutnick, 7 ans et Veery Good, 4 ans. Elevage de Daim-Pré

Le Caniche est un animal qui apprend volontiers les petits tours qu'on lui enseigne

tement de votre Caniche. Cela vous permettra de comprendre son langage. Par son regard, par ses mimiques, par sa voix, il s'exprime. S'il a envie de jouer, il va se baisser, les pattes antérieures allongées, en frétillant de la queue et en pointant les oreilles. Il veut simplement dire: "Dis, tu joues avec moi!" S'il couche les oreilles, baisse la queue et se couche, c'est qu'il se soumet. Si, face à l'un de ses congénères, son poil se hérisse, sa queue se dresse et qu'il grogne, cela veut dire, bien sûr: "va-t-en, c'est moi le plus fort!" S'il pose, de façon insistante, sa petite tête sur notre bras ou notre jambe, c'est tout simplement qu'il voudrait bien que l'on s'occupe de lui. Il nous lèche, c'est tout simplement pour nous montrer son affection. Il aboie! C'est que quelque chose l'intrigue.

Chaque attitude est une question qu'il se pose ou une affirmation qu'il apporte. Le chien qui marque un terrain en y déposant trois gouttes d'urine par-ci, puis par-là, veut simplement prouver à tout visiteur chien qui passerait par là que ce territoire est à lui! Lorsque vous vous promenez avec votre Caniche, vous êtes agacé par sa façon de s'arrêter sur chaque odeur lais-

sée par le chien qui est passé auparavant. Mais, pour lui, c'est une source d'informations, une véritable carte de visite. Alors laissez-le la déchiffrer! Il gratte sa couverture ou le fauteuil avant de s'y coucher? Ne croyez pas que vous êtes le maître d'un petit monstre destructeur. C'est tout simplement parce que quelqu'un s'y est assis et y a laissé son odeur. Votre Caniche veut tout simplement effacer cette odeur pour y laisser la sienne. Pour éviter qu'il ne le fasse, il suffit donc de mettre une couverture qui lui est destinée lorsqu'il se couche sur le divan, sur le siège de la voiture, et de l'enlever si quelqu'un doit prendre la place. Cela évitera ainsi toute destruction.
Le langage du Caniche est très varié. Quelle passionnante aventure que de l'étudier. Si vous êtes attentif à tous ces signes, vous verrez que très rapidement vous comprendrez parfaitement votre compagnon. Et ce qui semble un mystère pour les autres sera pour vous un merveilleux dialogue. Alors, comment peut-on avoir un Caniche sans parler avec lui?

Sa psychologie

Pour comprendre votre petite Caniche, il est certaines choses indispensables à connaître. Tout s'explique par ses instincts. Prédateur, son instinct de chasse est encore bien vivant. Ses instincts sexuel, maternel, de défense du territoire, lui dictent de nombreux comportements. De plus, il possède une certaine forme d'intelligence, car il se remémore ses expériences visuelles, auditives, sensitives ou tactiles. Durant toute sa vie, le Caniche met en mémoire des situations et essaie de s'en servir par la suite. Sa mémoire est donc très importante dans son comportement. Si le caractère d'un Caniche est déterminé par son hérédité et son patrimoine génétique, l'influence de sa socialisation lorsqu'il est encore chiot est aussi primordiale.

La notion de territoire

Votre Caniche va s'approprier une zone de territoire qui se résume généralement à la maison et au jardin, s'il y en a un. Sur celui-ci, il marquera des signaux odorants, sécrétés par ses glandes anales, et qui lui sont strictement personnels. Ils sont destinés à montrer aux éventuels congénères que le terrain est "occupé". Grâce à cet instinct de défense du territoire, votre Caniche sera le gardien de votre propriété. C'est-à-dire qu'au moindre intrus qui pénétrera, il vous préviendra que quelque chose d'anormal se passe. En revanche, si vous habituez votre Caniche tout chiot à voir un défilé quasi permanent de personnes inconnues en le priant de ne pas aboyer, il estimera qu'il n'a plus ce rôle. Il ne faudra donc pas lui en vouloir si quelque cambrioleur a pu pénétrer dans votre demeure sans déclencher une rafale d'aboiements, mais au contraire

Spoutnick, 7 ans. Elevage de Daim-Pré

en y étant accueilli par des débordements d'affection et de joie!
Si ce n'est pas le cas, mais que, au contraire, il manifeste une hostilité certaine devant un intrus, surtout ne le frappez jamais. Il ne comprendrait vraiment pas pourquoi, alors qu'il tient simplement son rôle. Grondez-le simplement s'il ne se calme pas, en l'isolant dans une pièce. La défense du territoire, d'accord, mais l'obéissance avant tout! Votre Caniche va communiquer avec vous grâce à des signaux visuels, auditifs, des gestes, des mimiques. Il va donc falloir que vous sachiez les interpréter.

Son nez, très développé, joue un rôle essentiel pour "parler" avec ses congénères. Il lui permet de décoder toutes les odeurs laissées par le chien qui est passé par là peu de temps auparavant. Lorsque votre petit compagnon rencontrera l'un de ses frères, ils se reconnaîtront en se reniflant, truffe contre truffe au départ, puis sur tout le corps et particulièrement sur les régions anales et génitales.
Votre Caniche communique aussi avec sa voix. Son aboiement peut être une menace, une plainte, une invitation au jeu, un cri de douleur... Saccadé et hargneux, il prévient l'intrus,

homme ou chien, qu'il est grand temps pour lui de quitter son territoire. Gai et enjoué, son aboiement salue votre arrivée. Lorsque son aboiement tient plutôt du gémissement, il se plaint soit parce qu'il a mal, qu'il a faim...

Son regard est aussi un langage. S'il est fixe, soit il a peur, soit il est malveillant. Chacun de ses gestes est un message. En effet, la queue, lorsqu'elle bat, est un signe de contentement, lors de votre retour ou à la vue d'un autre chien avec lequel il a l'habitude de jouer. S'il la rabat entre ses jambes, elle marque la soumission ou la peur. Même si la queue de votre Caniche est écourtée, cela ne l'empêche pas d'avoir ces attitudes.

Si le Caniche module parfaitement sa voix, le maître doit en faire de même pour se faire comprendre. C'est pourquoi il est toujours conseillé d'employer le même mot pour un ordre précis. En effet, le chien le plus doué peut comprendre cinquante mots au maximum. Il ne faut donc pas emmêler ceux qu'il comprend et ceux qu'il n'a jamais entendus. Votre Caniche est capable de faire certaines associations d'idées. Observez-le, il sait bien aller chercher sa laisse s'il veut sortir, ouvrir une porte si vous êtes derrière, ronger une corde s'il y est attaché... Il est capable de résoudre un problème immédiat. Le mode d'éducation a une influence capitale sur son intelligence. Plus on s'occupe de lui, et plus il apprend de choses. Le dressage développe sa mémoire... et son affection à notre égard. Vous participerez ainsi à son bon équilibre psychique.

Même s'il est dit "de compagnie", il ne faut pas oublier cependant que le Caniche a besoin d'exercice! Elevage de Daim-Pré

L'acquisition

Vous envisagez d'acheter un Caniche? Oui, mais pour quelles raisons? Est-ce parce que vous en connaissez et les trouvez drôles, amusants et ressemblant à une petite peluche qui ravira vos enfants? Avant de vous mettre à la recherche de votre Caniche, réfléchissez bien! Quelle vie allez-vous offrir à votre futur compagnon? Aurez-vous le temps de vous en occuper, de le sortir régulièrement? Ne serez-vous pas obligé de le laisser la plupart du temps seul, enfermé chez vous? Vous sentez-vous capable de lui consacrer plusieurs heures pour son éducation? Aurez-vous la patience de supporter les erreurs et bêtises qu'il ne manquera certainement pas de faire, sans crier que vous êtes justement tombé sur le petit monstre de la portée? Savez-vous qu'il vous faudra consacrer un certain budget à son bien-être, ses vaccins, ses maladies, son toilettage?
Sans noircir le tableau, il faut que vous soyez bien conscient, avant de vous décider, que l'achat d'un Caniche ne doit pas être fait sur un coup de tête ou un coup de cœur, mais être au contraire bien réfléchi et pensé. Trop de chiens se retrouvent malheureux, abandonnés, car leur maître, la joie des premiers instants passée, ne voient dans le nouveau-venu qu'une source de tracas et de complications. Le petit Caniche, une fois installé dans votre maison, comptera sur vous pour lui apporter ce dont il a besoin, de la nourriture, de la protection et surtout de l'affection... Bien sûr, lorsque l'on se décide pour acheter un chien, on est persuadé que l'on fera ce qu'il faut pour lui, mais envisager auparavant les problèmes qu'il posera, permet d'éviter déceptions et déboires qui conduiraient irrémédiablement à des erreurs de jugement allant parfois jusqu'à l'abandon du pauvre petit animal. Ces conseils vous sont inutiles? Vous avez déjà sérieusement réfléchi à la question? C'est parfait, il ne vous reste plus qu'à trouver votre chiot.
Deux possibilités s'offrent à vous:
— soit vous désirez simplement acquérir un petit compagnon pour toute la famille;
— soit vous désirez participer avec lui à des expositions.

Dans un cas comme dans l'autre, le plus sage est de vous adresser aux connaisseurs, c'est-à-dire d'une part au

Strass de la "Vecchia fattoria" âgée de 45 jours

Club du Caniche et, d'autre part, à la Société centrale canine. Ces deux organismes vous conseilleront sur les éleveurs sérieux qui possèdent des chiots disponibles. Lorsque vous aurez des adresses d'éleveurs, n'hésitez pas à aller les voir, à discuter avec eux, à prendre le maximum de renseignements, à visiter l'élevage, à voir les parents et les chiots. Ne craquez pas devant le premier chiot que vous verrez, un autre peut davantage vous convenir. Et surtout n'achetez jamais un chiot par correspondance, vous n'auriez aucune garantie de sa santé et de ses origines. Un voyage vaut mieux que des déceptions.

Vous pouvez évidemment choisir un chiot Caniche qui ne soit pas strictement conforme au standard, sans être bâtard pour autant. Simplement, il aura une oreille un peu trop petite ou une épaule trop saillante. Vous aurez un Caniche à bas prix qui pourra cependant être un charmant compagnon. Mais, quitte à envisager l'achat d'un chien, pourquoi ne pas prendre un descendant d'une bonne lignée, qui n'a pas subi de mélanges depuis des générations. On sait tout de ses origines, de son évolution, du tempérament global de ses représentants... Une sélection rigoureuse a amélioré et fixé les qualités essentielles de la race, et votre chiot aura toutes les chances d'être équilibré et digne de ses ancêtres. Cela vaut bien quelques centaines de francs en plus...

Le meilleur endroit où vous pourrez vous faire une idée sur le Caniche, ses variétés et ses couleurs de robe, reste l'exposition canine. Il s'en déroule fréquemment et vous obtiendrez sans peine la liste de celles-ci auprès de la Société centrale canine. Vous pourrez ainsi vous familiariser avec les Caniches, discuter avec des éleveurs qualifiés. Attention pourtant de rester objectif. Les éleveurs que vous rencontrerez vous vanteront bien sûr leur élevage qu'ils ont mis beaucoup de temps, d'énergie et d'amour à développer et à améliorer. Il vous appartiendra donc de peser le pour et le contre, et rien ne vous empêche, au contraire, de demander conseil au Club du Caniche, qui vous dira si votre choix est un bon choix. Tranquillisez-vous. En général, les éleveurs passionnés ne sont pas des marchands de chiens. Ils en élèvent pour leur plaisir et en tirent rarement de grands profits, à moins d'avoir des reproducteurs d'origines prestigieuses.

Peut-être, si vous recherchez un Caniche uniquement pour votre agrément, sera-t-il plus judicieux pour vous de vous tourner vers un élevage familial (ou même plus important) qui élève les chiots dans un contexte familial. C'est-à-dire qu'une fois les chiots nés, l'éleveur les fait participer à la vie de la famille. Sans évidemment autoriser la portée à se pelotonner dans le divan du salon, les chiots ont beaucoup de contacts avec l'éleveur, le voient souvent et jouent avec lui et les habitants du foyer. Le chiot que vous aurez choisi dans cette portée sera nécessairement plus sociable et davantage ha-

bitué aux contacts humains. Ce qui ne veut absolument pas dire qu'il ne faille pas acheter un chiot dans un élevage plus important. La jeunesse du chiot vous laisse toute l'opportunité de l'habituer à son nouveau cadre de vie.
Bien que cela semble importun et même un peu trop soupçonneux envers l'éleveur chez qui vous irez, il n'est néanmoins pas inutile, avant de vous décider sur tel ou tel chiot, d'effectuer quelques tests assez simples qui vous éviteront toute déception par la suite. Evidemment, dans des élevages de qualité, ces tests seront inutiles, car l'éleveur a des chiens de qualité qui ne révéleront aucun défaut par la suite. Mais si vous vous décidez pour un élevage parce qu'il n'est pas trop loin de chez vous et que cela vous est plus commode, ces tests vous aideront à choisir le meilleur chiot de la portée.
Si le chiot qui vous est présenté a les symptômes suivants: écoulement de mucus des yeux ou du nez, abdomen distendu, agitation excessive, diarrhée très prononcée, toux persistante, plaies cutanées ou plaques pelées, vous pouvez suspecter une infection respiratoire, de la conjonctivite, la maladie de Carré, la présence de vers, la toux de chenil, des parasites quelconques ou toute maladie de peau. Toutes ces anomalies ne doivent pas être présentes chez un chiot prêt à être vendu et, dans le cas contraire, il est plus raisonnable de ne pas porter votre choix sur un de ceux-ci, même si vous trouvez qu'il a vraiment un air "craquant". En tout état de cause, il est recommandé d'insister pour que l'éleveur vous remette une garantie médicale lors de l'achat.
De plus, vous pouvez en peu de temps effectuer quelques tests qui vous révéleront les tendances de caractère de l'élu de votre cœur. Votre futur chiot peut révéler un caractère sensible, nerveux, timide, calme, têtu ou agressif. Et il est important pour vous de le déceler avant de le choisir. Prenez le chiot dans vos bras, le ventre et les pattes en haut et faites comme si vous le berciez. S'il reste dans vos bras, vous regarde et vous lèche la main, il est plutôt calme et sensible. S'il ne reste pas tranquille, se débat en gémissant, voulant sauter à terre, il est plutôt de caractère nerveux. S'il ne bouge pas mais semble terrifié, c'est plutôt un timide. En revanche, s'il grogne, montre les dents et tente de vous mordre, il est, bien évidemment, d'un tempérament agressif. Un chiot âgé de sept à douze semaines qui réagit de cette façon ne peut qu'être source de tracas par la suite, et vous aurez bien du mal à lui faire passer cette agressivité excessive.
Quand vous aurez choisi le chiot qui vous convient, il ne restera plus qu'à procéder à son achat. Pour celui-ci, faites bien attention à ce que le vendeur vous remette tous les documents obligatoires. Tout d'abord, *l'attestation de vente*. Suivant le décret n° 75282 du 24 avril 1975, toute personne, éleveur amateur ou professionnel, doit obligatoirement remettre

à l'acheteur une attestation de vente. Cette attestation doit être signée des deux parties et doit mentionner la date de la vente et de la livraison, le prix fixé, le nom et l'adresse du vétérinaire choisi, par le vendeur et l'acquéreur, pour déterminer le diagnostic en cas de maladie de Carré ou d'hépatite contagieuse. Car, même si le vendeur n'est pas obligé de faire vacciner le chiot contre ces deux maladies, la loi vous protège cependant si votre bébé chien la contracte durant les quinze jours consécutifs à la vente: "La vente

Trois chiots Superstar's âgés de 8 semaines. Propriétaire: Lisbeth Mach

des chiens est nulle de droit lorsque, dans les quinze jours qui suivent leur livraison, ils sont atteints de la maladie de Carré ou d'hépatite contagieuse." Si votre chiot présente donc ces symptômes, vous pouvez intenter une action en nullité de vente pendant le mois suivant votre achat. Vous pouvez aussi vous retourner contre le vendeur si vous vous apercevez que votre chiot a des malformations physiques qui ne vous avaient pas été signalées lors de la vente.

Par ailleurs, l'attestation de vente doit mentionner l'identité du chiot. C'est-à-dire son nom, sa date de naissance, la couleur de sa robe et sa race, évidemment.

L'éleveur doit également vous remettre, lors de la transaction, la *carte d'immatriculation par tatouage au fichier central des animaux de l'espèce canine*. Cette carte, qui n'est pas un justificatif de sa race, permet à votre chien d'être répertorié par la Société centrale canine. Son numéro de tatouage correspond donc à celui marqué sur une carte que le vendeur vous remet. Le décret du 21 avril 1975 stipule que: "L'identification par tatouage prévue par l'article 3 du 22 décembre 1971 est effectuée à la diligence des marchands ou exploitants des établissements spécialisés; ceux-ci délivrent à l'acheteur, au moment de la vente, le document attestant cette

identification." Cette formalité est très importante car elle évite toute contestation d'identité au moment de la cession et facilite les recherches en cas de perte ou de vol de votre Caniche.
Le tatouage s'effectue entre six et huit semaines soit à l'intérieur de l'oreille droite, soit sur la face interne de la cuisse droite. Depuis janvier 92, la législation relative au tatouage a changé, et ce changement entraîne une modification de la carte de tatouage. Désormais les tatoueurs sont responsables de la transmission de l'information au fichier national, alors que les vendeurs se chargent de toute modification par la suite.
Pour améliorer cette communication avec le fichier national, tout changement est maintenant gratuit et dispensé d'affranchissement.
La nouvelle carte de tatouage se présente donc en quatre volets:
— un blanc (automatiquement dupliqué sur les trois autres) est établi par le tatoueur qui l'envoie sous huit jours au fichier national: le chien est alors enregistré;
— un bleu que le tatoueur remet à l'éleveur;
— un rose que le tatoueur doit garder en archives pendant trois ans;
— et un jaune que le tatoueur remet au propriétaire du chien. Ce volet comprend deux parties: l'une (A) est le document qui atteste de l'identification du chien; l'autre (B) détachable, permet en cas de changement de propriétaire, d'adresse ou lors du décès du chien, d'en informer la Société centrale canine.

Votre chien est de race, ses parents sont inscrits au Livre des origines français. L'éleveur doit donc vous remettre un *certificat de naissance* délivré par la Société centrale canine. Ce document de couleur rose prouve que votre Caniche est provisoirement inscrit au LOF.
Il sera définitivement inscrit lorsqu'il sera reconnu apte à contribuer au développement et à l'amélioration de sa race. C'est-à-dire que ses qualités morphologiques (son standard) seront conformes à sa race.
Il est fort possible que l'éleveur ne puisse vous remettre ce certificat lors de l'achat de votre Caniche. Ne vous inquiétez pas et n'en déduisez surtout pas que vous êtes tombé sur un escroc. Simplement, il ne les a pas encore reçus de la Société centrale canine. En revanche, sur l'attestation de vente doit être absolument notifié que le chiot est inscrit au LOF, et le numéro de cette inscription en cours doit donc être mentionné.
Toutes ces formalités remplies, votre bébé Caniche est enfin à vous et vous pouvez emmener votre petite boule de poils, après avoir bien écouté les conseils de l'éleveur qu'il vous faudra absolument respecter pour le bien-être de votre petit compagnon.

Le dressage

Arrivée du Caniche dans la famille

Ça y est, vous êtes allé chercher la petite boule de poils et l'avez ramenée à votre domicile. Désemparé, terrorisé, le pauvre animal est complètement désorienté... Il vient de perdre sa mère, les frères de sa portée, les odeurs qu'il connaissait, pour se retrouver dans les bras d'un inconnu, faire un long voyage en voiture qui lui a donné la nausée et atterrir dans une maison qu'il ne connaît pas. Seul, il se sent vraiment seul...

Vous le posez à terre et, surprise, le petit bout de chiot vous suit partout! Ne croyez cependant pas qu'il vous ait déjà adopté et qu'instinctivement il va comprendre tout ce que vous lui demanderez. Ce serait une erreur! Simplement, pour lui, vous êtes le seul lien qui le rattache encore à sa mère, à son passé. Vous êtes devenu le substitut de sa mère, et il attend donc de vous ce qu'il lui réclamait à elle: tendresse, protection, chaleur et nourriture. Pour bien qu'il comprenne qu'il trouvera tout cela chez vous, commencez par lui présenter une assiette remplie de sa nourriture habituelle et un bol d'eau fraîche, que vous mettrez par la suite toujours au même endroit, afin qu'il comprenne que c'est bien à lui.

Repu s'il avait faim, le chiot sera déjà moins inquiet et va commencer à prospecter son nouveau territoire. Bien sûr, il risque de faire quelque pipi, mais surtout, ne commencez pas à le gronder. Les premières impressions qu'il va avoir de votre maison resteront gravées dans sa mémoire. Cris et hurlements risqueraient de le rendre peureux à tout jamais! Contentez-vous donc pour l'instant de ramasser avec une serpillière ses épanchements...

Si les cris et les réprimandes sont à éviter le premier jour, il en va de même pour les débordements d'affection. Bien sûr, toute la famille est contente de l'arrivée de la petite boule de poils; bien sûr, chacun veut y aller de ses caresses et de ses baisers, surtout les jeunes enfants, mais il faut leur faire comprendre que le petit animal est un peu perdu et qu'il importe tout d'abord qu'il découvre son nouveau territoire. Si le chiot vous suit, faites lui donc découvrir toutes les pièces de

Susy du "Piccolo Lord" à l'âge de 4 mois. Caniche nain noir. Eleveur: A. Vanzago; propriétaire: A. Priori

la maison, le garage, puis le jardin, en l'incitant de la voix. Normalement, le petit animal ne devrait pas se faire prier, curieux et enthousiaste pour une nouvelle aventure. Quand il viendra à votre appel, caressez-le et félicitez-le, ce sera déjà un pas de fait pour l'apprentissage au rappel.

Un coin bien à lui

Votre bébé Caniche a fait le tour du propriétaire, a fait connaissance avec tous les habitants de la maison, et il semble témoigner maintenant d'une grande fatigue. Montrez-lui gentiment l'endroit que vous lui avez réservé pour son repos: une couverture pliée, ou mieux, une caisse en carton ouverte d'un côté et agrémentée de moelleux coussins ou couvertures. Vous aurez pris garde à ce que le lieu destiné à son sommeil soit bien à l'abri des courants d'air et, de préférence, à l'écart de bruits et du passage. La cuisine semble être une pièce de prédilection pour le sommeil du chiot. D'une part, cette pièce est carrelée et ne risque donc pas les débordements nocturnes et, d'autre part, il vous y a vu peu de temps auparavant et peut donc imaginer que vous allez y revenir. Il est, bien sûr, recommandé d'éviter de faire dormir votre petit Caniche dans votre chambre et, pire, dans votre lit. Bien vite, il en prendrait l'habitude, et adieu la tranquillité pour votre propre repos!
Sûrement, lorsque toute la maisonnée sera prête pour un sommeil réparateur et qu'aucun bruit ne viendra perturber le silence de la maison, votre chiot va se rappeler à vous: cris, hurlements, gémissements, toutes les manifestations de son désespoir et de sa so-

litude vont vous donner des remords de laisser ce petit bout de chien si isolé! Mais ne cédez surtout pas, il s'en souviendrait et, au lieu d'une nuit en pointillés, cela risquerait de durer des jours, des semaines ou même des mois... si vous n'avez pas craqué avant!
Si vraiment votre chiot montre les signes d'un désarroi profond, il est possible de transporter son "lit" non loin de vous afin de pouvoir le calmer de la voix. Lorsqu'il sera habitué à dormir à sa place, vous pourrez progressivement éloigner sa couche jusqu'à l'endroit qui lui est destiné. Pour calmer sa peur nocturne, vous pouvez lui apporter un certain réconfort par un autre stratagème qui consiste à mettre sous sa couverture une bouillotte d'eau chaude. Sécurisé par la chaleur qu'il attribuera au corps de sa mère, le chiot a de fortes chances de s'endormir assez rapidement. S'il se réveille en pleine nuit, il vous suffira de changer l'eau de la bouillotte...
Après une nuit, bien ou mal passée, il est important que vous vous leviez de très bonne heure, alors que le chiot dort encore d'un sommeil profond. Alors, à ce moment-là, ne lésinez pas sur les démonstrations d'affection! Câlins, caresses, compliments sont de rigueur pour accueillir le petit animal qui sera tout heureux de découvrir à son réveil une présence si chaleureuse! Grâce à ces manifestations de vos bons sentiments à son égard, votre bébé Caniche va très vite vous reconnaître comme "son" maître, c'est-à-dire celui qu'il respecte, mais aussi et surtout, celui qui récompense, qui câline, qui complimente, en un mot qui aime et que l'on aime...

Propreté d'abord!

Ce moment de fête passé, il va falloir rapidement vous occuper de la propreté de votre petit compagnon. Peut-être, tout à l'émotion de se découvrir aimé, s'est-il déjà quelque peu ou-

Superstar's Something Special âgé de 9 semaines. Propriétaire: Lisbeth Mach

blié... Peu importe, ne lui en voulez pas, il ne peut apprendre en une journée! En revanche, amenez-le rapidement là où vous désirez qu'il fasse désormais ses besoins. Dans le jardin, si vous avez la chance d'en posséder un, ou bien sur le balcon où vous aurez déjà installé une serpillière ou des journaux à cet effet. Bien sûr, il est peu évident qu'il se plie tout de suite à votre volonté. Et, après avoir tourné et joué à l'endroit choisi, il peut vous faire l'affront de déposer sans complexe aucun son urine sur le carrelage de votre entrée! Ne le grondez surtout pas! Imbibez un journal de son urine et portez-le là où vous désiriez qu'il fasse. A la prochaine sortie, le chiot, reniflant son odeur, cèdera à votre exigence et condescendra sûrement à faire ses besoins à cet endroit.

Lorsque ce sera le cas, félicitez-le chaudement afin de lui faire comprendre qu'il vous a fait un immense plaisir. Car un chien, même s'il n'est encore que chiot, aime provoquer la joie de son maître (et donc la sienne) par les caresses données à ce moment-là. Les caresses et les compliments sont réellement les bases de toute éducation canine. C'est par la récompense que le chien comprend ce qui est bien

Cincia de Gwenn. 10 mois. Elevage de Daim-Pré

ou non, et l'encourage ainsi à poursuivre dans le bon sens. S'installe alors une relation faite de complicité et de joie réciproques.
En bref, la première journée de votre chiot chez vous doit être totalement dénuée de cris, de réprimandes, d'agitation excessive mais, au contraire, doit être agrémentée de douceur, de gentillesse et de patience. La première règle d'or: lui donner une image d'équilibre, de calme et de bien-être de votre foyer.

Ne pas le laisser révolutionner la maison

Après vous être consacré à son réveil et à sa première sortie de propreté, il va falloir vous occuper de sa nourriture. Le plus sage, les premiers jours, est de lui donner la même chose et dans les mêmes proportions que ce qui lui était donné auparavant. L'éleveur chez qui vous êtes allé chercher le chiot, connaît les chiens et sait très bien ce qui leur est bon ou non, ce qui est utile ou néfaste à leur croissance musculaire et osseuse. Il est même fortement conseillé de suivre ses indications jusqu'à la fin de sa croissance. Donnez-lui donc son repas sans oublier vitamines et fortifiants et en lui laissant à portée son bol d'eau renouvelée.
Il est important de lui donner ses repas à heures fixes, tout d'abord pour régulariser son organisme. De plus, cela vous permettra de savoir vers quelle heure il aura besoin de faire ses selles, ce qui simplifiera son apprentissage à la propreté. Par ailleurs, il n'est pas bon de lui donner quelques gâteaux ou morceaux de viande lorsque vous êtes à table: très vite il quémanderait à chaque repas et, si cela ne vous gêne aucunement, il n'en sera pas de même pour ceux qui viendront vous voir. Et quoi de plus désagréable que de ne pouvoir converser à cause d'un chien qui réclame sans cesse en aboyant. Un chien bien élevé n'est pas un chien que l'on n'aime pas et que l'on martyrise. C'est simplement un chien qui sait respecter votre vie comme vous savez respecter la sienne. Vous lui laissez une certaine indépendance, et il vous laisse la vôtre! Quoi de plus normal?
Le chiot ayant mangé, procédez au rituel de la sortie pour ses besoins, et commencez à habituer le petit Caniche à votre rythme de vie. Ce bébé chien est, certes, fort mignon et attendrissant, mais il est hors de question qu'il bouscule radicalement votre vie et devienne l'enfant gâté de la maison. Non qu'il s'en plaindrait, mais si vous cédez à toutes ses envies et tous ses caprices en vous consacrant uniquement à lui, il souffrirait, à coup sûr, de votre moindre absence, si courte soit-elle. Alors, vaquez à vos occupations habituelles en ayant néanmoins un œil très vigilant sur le chiot qui va chercher de quoi s'occuper!
Certainement, il va errer d'une pièce à l'autre cherchant quelque chose à mordiller. Devancez donc ses impul-

Donnez-leur un jouet: cela évitera qu'ils ne s'attaquent à autre chose! Elevage de Daim-Pré

sions, qui risquent de se porter sur un chausson, une chaussette, un pied de meuble ou les franges du tapis, en lui procurant de quoi s'amuser sans dégâts... S'il veut mordiller, c'est simplement parce qu'il est comme un jeune enfant dont les dents ne vont pas tarder à percer et lui font mal. Un chiffon imbibé d'eau et mis au congélateur calmera un peu ses douleurs. Vous pouvez aussi lui donner tout objet en caoutchouc vendu dans le commerce, ou bien des os en cuir bouilli ou en nerf de bœuf. Il est possible qu'*a priori* ceux-ci ne l'intéressent que fort peu.

Qu'à cela ne tienne! Enduits de graisse, ils attireront le charmant animal qui épargnera ainsi ce que vous teniez à préserver.

Bien mangé, bien joué, la fatigue va poindre. Plutôt que de le laisser s'endormir où bon lui semble (le tapis, le canapé ou autre endroit moelleux et confortable...), portez-le là où il a passé la nuit. Peut-être sera-t-il perturbé par le fait que vous vous occupiez de lui, et retrouvera-t-il ainsi des ressources d'énergie pour jouer de nouveau. Laissez-le donc faire! La fatigue fera son travail et ses yeux se fermant, au bout de plusieurs tentatives, il cèdera et dormira là où vous le souhaitez.

Ce sont, bien entendu, des petits détails, mais qui prédisposent votre chien à une obéissance sans murmure et immédiate.

Il faut bien garder à l'esprit que chacune de nos réactions est mémorisée par le chiot, et là où il lui semblera avoir pris le pas sur vous, ce sera par la suite le détail que vous aurez le plus de mal à corriger. Bien sûr, il faut vous armer de patience et recommencer les mêmes gestes inlassablement, mais surtout restez persévérant et vous aurez la chance d'être récompensé de vos efforts par la suite. Votre Caniche aura une bonne éducation et, sans être devenu un animal de cirque, fera preuve d'un tel bon "savoir-vivre" que vous pourrez, sans aucun problème, l'emmener partout avec vous, pour le plaisir de tous, le vôtre et le sien...

Une main de fer dans un gant de velours

Moins vous laisserez heurts et tensions s'installer entre vous et votre Caniche, plus vos principes d'éducation seront rapidement assimilés. Alors pourquoi choisir la menace, l'énervement, quand les caresses et la récompense donnent de meilleurs résultats? Pourtant, votre bébé Caniche doit tout de même apprendre à discerner ce qui vous fait plaisir et ce qui vous rend furieux. Il suffit simplement, lorsqu'il agit de façon répréhensible (à votre sens) de lui montrer votre désaccord en lui disant "Non!" à chaque fois, d'un ton plus élevé que d'ordinaire. Un chien est très sensible aux variations de la voix. Si vous le corrigez violemment, vous risquez de faire de lui un chien peureux et agressif, et vous entameriez, à coup sûr, les bonnes relations que vous aviez installées. Peut-être même finirait-il par vous éviter, de peur de se trouver sous la foudre de votre colère, alors qu'il ne comprend pas forcément ce que vous attendez de lui.

Un chiot est comme un enfant, il doit trouver les limites et les barrières qu'il ne doit pas dépasser. Il faut donc être intransigeant, certes, mais sans violence incompréhensible pour le chiot.

Trop de maîtres, soucieux de l'obéissance de leur chien, cassent le caractère d'animaux ayant toutes les prédispositions pour être des modèles d'obéissance. C'est gâter presque irrémédiablement les possibilités d'entente et de compréhension entre le maître et son chien.
Oui, direz-vous, mais lorsque le chiot ne veut vraiment pas comprendre? Patience, toujours patience, c'est le maître-mot de l'éducation canine. L'abbé Godard, bien connu du monde cynophile, écrivait dans son ouvrage *J'éduque mon chien*, guide précieux pour tout nouveau maître: "Patient, doux, d'accord, mais il faut se faire obéir. C'est pourquoi la troisième qualité du dresseur, c'est la fermeté. Par expérience, je peux vous assurer que la fermeté est la clef du succès. Je ne brutalise pas, mais je ne cède pas".
"Je me souviens d'un jeune chiot. J'avais couché, à côté de moi, ce jeune chiot; mais après quelques secondes, il s'en va. Dès que je l'entends bouger, je le rattrape et le couche à nouveau. Même scénario, je le rattrape, je le remets à sa place en disant couché. Combien de fois ai-je dû recommencer? Je ne les ai pas comptées, mais certainement plusieurs dizaines de fois. Je l'ai donc eu à l'usure. Il finit par se fatiguer et s'endormir; mais par la suite, il fut d'une obéissance exemplaire...". Et il poursuit avec cette phrase clé: "Quand il se sent dominé, il obéit parfaitement." Patience donc, et fermeté. Fort de ces conseils, vous vous attaquez plein d'optimisme à l'éducation de votre bébé Caniche. Mais voilà que tous vos espoirs s'envolent... Votre adorable bébé chien se moque éperdument de votre patience, de vos explications et vous mourez d'envie de lui administrer une sérieuse correction qui lui fera, pensez-vous, rentrer dans sa tête (de bois!) un minimum d'éducation et d'obéissance.
Certes, parfois il faut savoir sévir. Mais encore une fois, la correction ou punition n'est pas violence et ne doit, en aucun cas, servir à soulager votre énervement. Une voix empreinte de courroux suffit le plus souvent à punir le chiot, car ce petit bout d'animal vous aime déjà. Vous êtes pour lui sa famille, sa sécurité. S'il vous voit en colère après lui, il sera inquiet et aura peur que vous ne l'aimiez plus et que vous le délaissiez. Une voix forte et courroucée ne suffit-elle pas?
Vous pouvez essayer de lui tirer les oreilles lorsqu'il a enfreint votre loi. Cela l'humiliera et au bout de plusieurs fois, il comprendra qu'à chaque fois qu'il agit de façon répréhensible, il aura la désagréable surprise de se voir tirer les oreilles. Une mauvaise action, une humiliation! Le chiot fera vite le rapprochement. Et, n'étant pas masochiste par nature, il abandonnera très vite ce qui vous met dans une rage noire.

Un nom pour obéir!

A chaque fois que vous parlez à votre chiot, il est absolument nécessaire que vous employiez le nom que vous lui avez choisi. Vous l'appelez pour lui donner sa nourriture? Appelez-le par son nom! Vous vous mettez en colère après lui? N'oubliez pas non plus son nom! C'est à force de l'entendre qu'il comprendra que c'est par ce mot que la communication s'établit de vous à lui. Ce qu'il apprendra très rapidement.

Vous qui venez d'acquérir votre petit Caniche, en lisant ces lignes, vous penserez peut-être: "Oui, je suis d'accord. Il faut que le chiot apprenne à être propre et à obéir, mais ce n'est qu'un chiot... Et puis après tout, il n'est ni destiné à la garde, ni à la défense, ni aucune autre utilité spécifique. Je l'ai pris parce que j'avais envie d'un petit compagnon pour moi et les enfants." Bien sûr, c'est vrai, votre compagnon est classé dans le groupe des chiens dits de compagnie. Mais pour reprendre le terme, mieux vaut qu'il soit de bonne compagnie plutôt que de mauvaise compagnie. Il faut donc savoir que le compagnon que vous abritez sous votre toit, qu'il soit berger, de compagnie, de garde ou de chasse, doit se plier à une éducation dont les bases sont exactement les mêmes.

Il n'y a, en aucun cas, des principes d'éducation différents suivant le futur rôle du chien. Il faut se souvenir qu'il y a bien longtemps, le chien vivait en meute et, même si ce n'est plus le cas pour votre Caniche, il a encore cette mémoire de la hiérarchie. Sa mère, ses frères et sœurs constituaient sa meute avant que vous ne veniez le chercher. Maintenant, c'est vous et votre famille. Et il va falloir faire très attention au fait qu'il va vouloir devenir chef de cette meute alors que c'est vous qui devez tenir ce rôle. Il faut donc prendre garde à cet instinct et bien lui faire comprendre que sa place sera la troisième si vous êtes un couple, ou la cinquième si vous avez deux enfants. En aucun cas, il ne doit avoir l'impression d'avoir grignoté une place. Et tous les principes d'éducation sont là pour bien lui enseigner sa place.

La laisse et le collier

Pour que votre petit compagnon devienne bien discipliné, il va falloir lui enseigner plusieurs choses. Tout d'abord, afin de pouvoir le promener, il va falloir lui apprendre l'usage du collier et de la laisse. La meilleure méthode pour l'habituer au port du collier est de lui attacher autour du cou une petite cordelette, suffisante pour qu'il en prenne conscience, mais aussi et surtout, pas trop résistante afin qu'il n'y ait aucun risque qu'il ne s'étrangle. Un fil de laine ou de coton triplé fait généralement l'affaire. Vous remplacerez ensuite ce fil par un collier très léger. Bien sûr , le chiot va immédiatement essayer de s'en débarrasser en se grattant. Laissez-le faire, il ne risque rien. En revanche, ne le lui imposez pas trop longtemps. Quelques heures suffisent et, surtout, ôtez-le lui si vous vous absentez ou si

votre chiot reste à l'extérieur ou en chenil.
Votre chiot s'est habitué à cette lanière autour de son cou, il va donc pouvoir attaquer la deuxième phase, la laisse. Quel propriétaire ne se souvient pas des premiers pas difficiles avec le chiot traîné au bout d'une laisse, les deux pattes en avant pour freiner une allure qu'il n'a pas décidée! En fait, ce n'est absolument pas la bonne méthode. Le chiot ne doit pas être apeuré et, pour cela, il doit être distrait de la tension exercée par la laisse. Une bonne méthode consiste à porter le chiot dans ses bras, à le poser à l'extérieur avec d'un côté une bonne gamelle de sa nourriture préférée, de l'autre une personne qu'il affectionne particulièrement et, enfin, la possibilité de retourner dans la maison.
Suivant ce qui lui fait le plus envie, le chiot ira dans une direction ou dans l'autre. Très bien! Il faut, à ce moment-là, exercer une légère tension sur la laisse afin de modérer subtilement son allure. Tout au désir d'atteindre son but, le petit Caniche ne prêtera que peu d'attention à cette tension. L'exercice sera répété deux ou trois fois par jour durant cinq ou six jours, et le chiot comprendra que cette pratique n'est en aucun cas une punition. Bien au contraire, puisque, à chaque fois, il lui arrive quelque chose de plutôt agréable. Il mange, il voit quelqu'un qu'il aime bien et, en plus, il est récompensé et félicité.
Sa marche en laisse est encore loin de ce que vous attendez. Il tire à droite, il tire à gauche, au gré de sa fantaisie. Lorsqu'il sera bien habitué au fait d'être tenu en laisse, vous allez pouvoir lui enseigner une marche en laisse correcte. Plus tôt vous commencerez cet apprentissage, plus il sera assimilé rapidement par votre petit Caniche.
Avant d'espérer pouvoir lui faire faire des progrès en ce domaine, il faut d'abord lui inculquer la notion du "assis!". Pour ce faire, appuyez sur son arrière-train, tout en le tenant au collier, afin qu'il ne baisse pas la tête. Maintenez-la dans cette position pendant un bon moment en répétant toujours: "Assis, pas bouger!" Répétez cet exercice suffisamment de fois pour que le chien comprenne bien ce que cet ordre veut dire, et qu'il sache l'appliquer correctement.
Pour faciliter l'apprentissage de la marche en laisse au pied, longez un mur ou une haie et faites asseoir votre chien. Commencez à avancer en disant "au pied!". Effectuez une dizaine de pas en faisant asseoir votre chiot à chaque pas. Il est certain que le petit animal va se demander ce qui se passe et va vous regarder d'un œil interrogateur. Il va essayer de se dérober à cet exercice qui lui semble incongru, va mettre son nez à terre ou tenter de tirer en avant. A la moindre manifestation de fuite, faites-le asseoir. Au bout de quelques leçons, votre petit élève va commencer à bien marcher, sans (bien évidemment) atteindre encore la perfection. Ce n'est qu'au bout de quelques semaines à

plusieurs mois que vous obtiendrez une marche correcte.
Parallèlement, il va falloir habituer le jeune Caniche au bruit, à la circulation, à la foule. Plus il verra de voitures, de gens, d'autres congénères, plus il s'y habituera et moins cela risquera de le perturber par la suite. Durant cette familiarisation à ce qui l'environne, il est nécessaire de toujours le mettre en confiance en le calmant de votre voix, en le caressant, en le félicitant et en l'encourageant. Si vous vous promenez avec le jeune chien en laisse, en dehors des exercices proprement dits, pour l'emmener faire des courses avec vous, vous devez veiller à ce qu'il respecte l'enseignement que vous lui avez prodigué, sinon vous devrez recommencer vos leçons. A la moindre incartade, faites-le tout de suite asseoir. Si vous devez vous arrêter pour échanger quelques mots avec quelqu'un de votre connaissance, dites lui: “assis!” A chacun de vos arrêts, il doit comprendre qu'il lui faut vous attendre sagement assis. Le chien est un animal à habitudes. Plus vous lui en enseignerez de bonnes, plus il les respectera et s'y pliera.

Adieu la laisse!

Votre petit Caniche, pourtant encore fort jeune, est très encourageant. Il s'asseoit à la demande et marche en laisse correctement. Oui, mais comment faire pour qu'il en soit de même s'il n'est tenu laisse? C'est la période de l'éducation du chien, qui terrorise le plus les maîtres. “Si je le lâche, il va s'échapper, se faire écraser... Je vais le perdre!” En fait, pour le jeune Caniche, ce ne sera qu'une leçon de plus, identique aux autres. Pour commencer, il vous faut remplacer la laisse par une ficelle assez longue que vous passerez dans l'anneau de son collier e dont vous tiendrez les deux extrémités. La leçon est identique à celle pour la marche en laisse. Quelques pas, “assis!”, quelques pas, “assis!”. Progressivement, sans que votre Caniche ne s'en aperçoive, laissez glisser une des extrémités. Si votre chien tente d'accélérer le pas, ordonnez immédiatement “assis!”. Il s'assiera exactement comme d'habitude, se croyant toujours tenu. Reprenez les deux extrémités de la ficelle dans votre main et recommencez à marcher avec lui, tout en laissant glisser encore une fois une des extrémités. Une fois à vos ordres, votre Caniche ne tentera même plus de fuir, croyant toujours être relié à vous par la laisse. L'habitude de vous écouter s'installant au fil des répétitions, il sera complètement à votre écoute.

Le rappel

Votre petit Caniche commence à être “bien élevé”: il s'asseoit lorsqu'on le lui demande; il marche en laisse correctement, et même sans laisse. Oui, mais... Si je le lâche en pleine nature, au cours d'une balade pour sa déten-

te, va-t-il m'écouter et revenir lorsque je le rappelle?
Eh oui! Combien de propriétaires de chiens se sont-ils vus ainsi courir après leur chien pendant des dizaines de minutes, voire des heures... Pour lui enseigner le rappel, il vous faut choisir un chemin calme dans la campagne. Vous lâchez le jeune chien, le laissez un peu batifoler pour qu'il puisse défouler son énergie, puis vous le rappelez. Votre Caniche va vous regarder, car il connaît bien son nom maintenant, mais il ne va pas forcément se précipiter vers vous... parfois, bien au contraire! Alors, à ce moment-là, débrouillez-vous pour le rattraper; une petite friandise que vous lui aurez montrée avant de le lâcher, le fera probablement revenir à toute vitesse. Donnez-la lui et attachez-le en laisse longue. Le chien va se croire en liberté. Rappelez-le. S'il vient, félicitez-le et donnez-lui une friandise. S'il ne revient pas, tirez violemment la laisse en le ramenant vers vous. Faites-le alors asseoir et, à ce moment-là, récompensez-le. Plusieurs séances, en augmentant les distances de rappel, et votre compagnon va comprendre qu'il est plus agréable pour lui de revenir de son plein gré à l'appel de son nom que contraint et forcé.
Votre petit Caniche commence à bien assimiler toutes vos leçons. C'est parfait, mais vous habitez en ville et avez pris l'habitude d'emmener avec vous votre compagnon lorsque vous faites vos courses. Mais un problème se pose. Comment faire lorsque je veux entrer dans un magasin et qu'il n'y a aucun point pour l'attacher? Votre petit compagnon est suffisamment bien éduqué pour que vous lui appreniez à vous attendre assis devant le magasin. Il vous suffit de vous entendre avec un commerçant (sinon vous risqueriez de passer pour un simple d'esprit!) lorsqu'il n'a pas trop de monde dans son magasin. Vous faites asseoir votre Caniche devant la porte en lui ordonnant "pas bouger!" et vous pénétrez dans le magasin à reculons. Si votre chien commence à vouloir bouger, à vouloir vous suivre (ou à prendre la poudre d'escampette!), remettez-le vite à sa place en insistant d'une voix sèche, "assis, pas bouger!". Vous allez alors très rapidement chercher ce dont vous aviez besoin dans le magasin, et ressortez en le félicitant et en lui donnant une friandise.
Chaque jour, vous renouvelez l'expérience, tout en allongeant la durée de votre présence dans le magasin si votre chien vous attend correctement. Peu à peu, votre petit animal saura que, lorsque vous ressortez, il a droit à quelque gâterie et qu'il a donc tout intérêt à attendre... Cet exercice vous sera très utile en mainte occasion et quel bonheur pour vous alors que ce petit compagnon vous accompagnant partout sans aucun problème et vous attirant tellement de compliments sur son savoir-vivre!

Un mariage sans nuages

Règlement international d'élevage de la FCI

Préambule

1. Les droits et obligations réciproques des propriétaires ou des possesseurs d'étalons et de lices sont déterminés par le Droit national et les règlements pris par les associations d'élevage et par les associations cynologiques nationales, ainsi que par des conventions particulières. Dans le cas où de telles dispositions n'existeraient pas, c'est le règlement international d'élevage de la FCI qui est applicable.
Il est recommandé, de façon pressante, aux éleveurs, propriétaires ou possesseurs d'étalons, de déterminer, par écrit, les conditions dans lesquelles se fera la saillie, afin de créer une situation claire en ce qui concerne les obligations financières.
Le règlement d'élevage de la FCI doit être applicable pour tous les cas qui ne sont pas réglés par le droit ou les règlements d'élevage nationaux.

Transport et frais d'entretien de la lice

2. Il est recommandé aux propriétaires de lices d'amener la chienne à saillir auprès du mâle soit personnellement, soit par une tierce personne. Dans le cas où une chienne demeurerait plusieurs jours chez le possesseur de l'étalon, tous les frais en résultant tels que: alimentation, hébergement, soins vétérinaires éventuellement ainsi que les dommages que la chienne viendrait à provoquer à l'installation d'élevage ou à l'habitation du possesseur de l'étalon, sont à charge du propriétaire de la chienne. Le transport de retour de la chienne s'effectue aux frais de son propriétaire.

Responsabilités

3. En conformité avec les dispositions légales ayant cours dans différents pays, est responsable des dommages pouvant être causés par l'animal, la personne qui, au moment du dommage, assure l'hébergement et les soins de l'animal.

Dans le cas où la chienne demeure un ou plusieurs jours sous surveillance du possesseur de l'étalon, ce dernier est considéré, de par la loi, comme la personne assumant la garde de l'animal, et de ce fait, est responsable des dommages que sa chienne pourrait occasionner à des tierces personnes.
Le possesseur (personne assumant la garde) de l'étalon doit tenir compte de ce qui précède, lors de la conclusion d'un contrat d'assurances personnel en responsabilité civile.

Décès de la chienne

4. Dans le cas où la chienne viendrait à décéder pendant son séjour chez le possesseur de l'étalon, ce dernier s'oblige, à ses frais, à faire constater le décès et sa cause par un médecin vétérinaire.
Il informe, de la manière la plus rapide possible, le propriétaire de la chienne, du décès et la cause.
Dans le cas où le propriétaire désirerait voir la chienne décédée, il ne peut s'y refuser.
Dans le cas où le décès serait occasionné par la faute du possesseur de l'étalon, ce dernier est tenu à prestation de dommages et intérêts envers le propriétaire de la chienne.
Dans le cas où aucune faute ne peut lui être reprochée, il appartient au propriétaire de la chienne de rembourser au possesseur de l'étalon tous les frais en corrélation avec le décès de la chienne.

Choix de l'étalon

5. Le possesseur de l'étalon s'oblige à ne faire saillir la lice que par l'étalon prévu, à l'exclusion de tout autre. Dans le cas où l'étalon ne procéderait pas à la saillie, la lice ne peut être mise en rapport avec un autre étalon qu'avec l'accord du propriétaire. De toute façon, il est interdit de laisser saillir une lice par deux ou plusieurs étalons pendant ses mêmes chaleurs.

Saillie erronée

6. Dans le cas où il y aurait accidentellement, mais non intentionnellement, une saillie par un étalon autre que celui convenu, le possesseur de l'étalon qui a pris la lice sous sa garde est obligé de rembourser au propriétaire de la lice tous les frais occasionnés par cette saillie erronée.
Après une saillie non intentionnelle par un étalon autre que celui prévu, il est interdit de procéder à une nouvelle saillie avec l'étalon qui avait été prévu à cet effet. Le propriétaire de l'étalon ne peut en aucun cas, pour une telle saillie, prétendre imposer des obligations financières à l'encontre du propriétaire de la lice.

Attestation de saillie

7. Le propriétaire de l'étalon certifie, par la rédaction d'une attestation, de l'exécution correcte de la saillie. Il confirme, en apposant sa signature

sur le document, qu'il a été témoin oculaire de la saillie.
Pour le cas où les services tenant le Livre des origines d'un pays où la portée doit être enregistrée prévoient certains formulaires spéciaux, il appartient au propriétaire de la lice de se les procurer, de les remplir correctement et de les présenter à la signature du possesseur de l'étalon. Cette attestation doit contenir obligatoirement les renseignements suivants:

— nom et numéro d'inscription au Livre des origines de l'étalon;
— nom et numéro d'inscription au Livre des origines de la lice;
— nom et adresse du possesseur de l'étalon;
— nom et adresse du propriétaire de la lice au moment de la saillie, éventuellement, la date d'acquisition de la lice;
— lieu et date de la saillie;
— signature du possesseur de l'étalon et du propriétaire de la chienne;
— dans le cas où les services tenant le Livre des origines exigent, pour l'inscription des chiots, une photocopie certifiée conforme ou un extrait certifié conforme, du pedigree, il appartient au possesseur de l'étalon, de remettre à titre gratuit ces documents, à la disposition du proriétaire de la lice.

Dédommagement pour la saillie

8. Il est recommandé au possesseur de l'étalon, de ne signer l'attestation de saillie qu'après paiement du prix préalablement fixé pour la saillie. Une rétention de la lice en tant que gage n'est toutefois pas permise.
9. Si l'étalon dont il a été convenu ne procède pas à saillie, pour quelque raison que ce soit ou parce que la lice ne se laisse pas saillir, faisant que la saillie n'a pas été effectivement exécutée, le possesseur de l'étalon n'en garde pas moins le droit aux dédommagements prévus à l'article 2, mais ne peut prétendre au prix convenu pour la saillie.
10. Pour ce qui concerne la descendance de l'étalon, le possesseur de l'étalon n'a pas droit, vis-à-vis du propriétaire de la lice, à des dédommagements autres que ceux prévus pour la saillie.
Il n'a aucun droit de se faire remettre un chiot sauf si le propriétaire de l'étalon désire en garder un pour son propre élevage, sous condition de ne pas le vendre.
Lorsque les parties se sont mises d'accord pour la remise d'un chiot en tant qu'indemnité pour la saillie, cet accord doit alors être formulé par écrit et avant la saillie.
Dans un tel accord, les points suivants doivent absolument être précisés et respectés:

— le moment du choix du chiot par le propriétaire de l'étalon;
— le moment de la remise du chiot au possesseur de l'étalon;
— le moment à partir duquel le droit au choix par le possesseur de l'étalon est irrévocablement prescrit;

— le moment à partir duquel le droit de prise est irrévocablement prescrit;
— le règlement des frais de transport;
— les accords spéciaux pour le cas où la lice ne met bas que des chiots mort-nés ou qu'un seul chiot vivant ou pour le cas où le chiot choisi viendrait à décéder avant la remise.

La lice demeure vide

11. Après une saillie exécutée correctement, on considère que l'étalon a satisfait à ses obligations, et que les conditions pour avoir droit au dédommagement convenu sont remplies.
Elles ne constituent pas une garantie quant au fait que la lice soit pleine. Il est laissé à l'appréciation du propriétaire de l'étalon, lorsque la lice demeure vide, soit d'accorder à une prochaine chaleur de cette dernière une nouvelle saillie à titre gratuit, soit de rembourser une partie de l'indemnité obtenue pour la saillie. Un tel accord doit être fixé par écrit avant la saillie, dans le contrat de saillie.
Le droit convenu à une saillie gratuite s'éteint toutefois, en principe, au décès de l'étalon ou lors du changement de possesseur de ce dernier ou avec le décès de la lice.

Insémination artificielle

12. En cas d'insémination artificielle de la lice, le docteur vétérinaire qui a recueilli le sperme de l'étalon doit certifier, à l'aide d'une attestation à remettre au service tenant le LOF où les chiots doivent être enregistrés, que le sperme émane bien de l'étalon dont il a été convenu. Par ailleurs, les attestations prévues à l'article 7 doivent être mises à la disposition du propriétaire de la lice par le possesseur de l'étalon, et à titre gratuit.
Tous les frais encourus pour recueillir le sperme sont à charge du propriétaire de la lice. Les frais relatifs à l'insémination sont également à charge du propriétaire de la lice.
Le docteur vétérinaire qui procède à l'insémination de la lice doit confirmer auprès des services tenant le Livre des origines, que la lice a bien été inséminée à l'aide du sperme provenant de l'étalon prévu pour la saillie. Dans cette attestation, il convient de faire figurer également le lieu et la date de l'insémination, le nom et le numéro d'inscription au Livre des origines de la lice, ainsi que le nom et l'adresse du propriétaire de la lice.
Le propriétaire de l'étalon fournissant le sperme doit délivrer au propriétaire de la lice, en plus de l'attestation fournie par le docteur vétérinaire, une attestation officielle de saillie.

Cession du droit d'élevage

13. On considère, de manière générale, que le propriétaire de la lice, au moment de la saillie, est l'éleveur de la portée.

Le droit à l'utilisation de la portée d'une lice ou d'un étalon peut toutefois être transféré, par un accord contractuel, à une tierce personne. Un tel transfert doit, dans tous les cas, être attesté par écrit, avant la saillie projetée. Une telle cession du droit d'élevage constatée par écrit doit être déclarée à temps au service compétent du Livre des origines et, éventuellement, à l'association d'élevage compétente pour cette race. Elle doit être jointe à la déclaration de la portée. Il convient de décrire très exactement dans la cession du droit d'élevage les droits et obligations des deux parties contractantes.
La tierce personne qui prend temporairement le droit d'élevage d'une lice est considérée comme le propriétaire de celle-ci, au sens du présent règlement, pour une période allant de la saillie jusqu'au moment du sevrage.

Inscription des chiots au Livre des origines

14. Sauf dispositions contraires, on considère que le nouveau propriétaire, lors d'une vente d'une chienne pleine, est automatiquement l'éleveur de la portée à venir. Les chiots sont inscrits au Livre des origines du pays dans lequel le propriétaire de la lice a sa résidence habituelle et portent son affixe.
15. Les chiots sont inscrits, en principe, au Livre des origines du pays où le propriétaire de la lice a sa résidence habituelle. En cas de contestation, il doit obligatoirement produire une attestation de l'autorité tenant le registre des domiciles (résidences habituelles).
Des exceptions sont tolérées pour des éleveurs de chiens de race vivant dans un pays ne tenant aucune livre d'élevage reconnu par la FCI. Il est laissé à l'appréciation de ce dernier de procéder à l'inscription des chiots dans un livre d'élevage reconnu.

Les règlements d'élevage des pays membres

16. Les règlements d'élevage des pays membres ne peuvent contenir de dispositions qui seraient en contradiction avec le présent règlement d'élevage de la FCI.

Le choix des reproducteurs

Là encore, il convient de choisir des reproducteurs dont vous aurez minutieusement étudié la généalogie, eux-mêmes devant avoir des ascendants de très grande qualité. En effet, un chien peut sembler parfait, mais transmettre un caractère anormal provenant d'une des souches originelles. En d'autres termes, il arrive qu'un bâtard soit très beau et conforme aux normes du standard.
C'est ce qu'on appelle un *phénotype* (par opposition aux génotypes, de souches absolument pures). Un phé-

Holiday de San Miniato in Colle. Champion 1988

Ci-contre: saillie. Spoutnick et Veery Good. Elevage de Daim-Pré

notype transmettra le défaut dont, par hasard, lui-même n'est pas affecté. Il engendrera des portées hétérogènes. Méfiez-vous également d'une excessive consanguinité qui, à la longue, donne lieu à des phénomènes de dégénérescence. Enfin, il ne faut accoupler que des chiens confirmés, faute de quoi leurs descendants ne pourraient pas être inscrits au LOF.

Pour la reproduction, on choisira toujours des sujets se rapprochant d'une façon parfaite du standard. Il ne faut pas perdre de vue que la chienne a autant d'importance que l'étalon. Un bon reproducteur, qu'il soit mâle ou femelle, doit être conforme au standard. L'étalon doit être bien d'aplomb, avec les membres parfaitement dans les normes.

Selon M.A. Robin, si pour la chienne il est accepté qu'elle soit un peu plus longue de corps que le mâle et que, pour obtenir un sang de bonne origine, on se voie obligé d'accoupler une bête ayant un léger défaut; on s'efforcera toujours de rectifier cette carence par un accouplement susceptible de rectifier ce défaut et rétablir l'équilibre rompu. Il faudra donc que le sujet appelé à corriger le défaut en présence, soit lui excellemment constitué sur ce point; par exemple, une chienne manquant un peu d'oreille sera ac-

Caniches. Photo Cogis-Labat

Caniche gris. Photo Cogis-Labat

Chri' Gars. Toy noir. Elevage de la Boire des Pinots

couplée avec un chien ayant des oreilles parfaites.
A ce titre, un sujet à tête trop plate doit être accouplé avec une bête bien conforme au standard. Mais il ne faut pas croire que l'on obtiendra infailliblement le résultat que l'on souhaitait. N'a-t-on pas vu l'accouplement de deux champions de beauté remarquable, donner naissance, parmi une portée magnifique, à un jeune plus ou moins défectueux. La mauvaise mâchoire chez l'un des deux reproducteurs est un défaut très difficile à corriger.

La saillie

Ni le chien ni la chienne ne doivent s'accoupler avant l'âge adulte, soit quinze mois. En effet, si une chienne a ses premières chaleurs entre huit et douze mois et si elle a déjà atteint son aspect adulte à dix mois, il n'est pas souhaitable de la laisser porter 4 à 6 chiots, car la consolidation de son squelette n'est pas terminée. Mieux vaut donc attendre les troisièmes chaleurs. Pas ailleurs, on ne peut juger avant l'âge adulte de la valeur d'un chien en tant que reproducteur.
Les premiers feux se présentent généralement entre le 8e et le 10e mois chez les grands Caniches. Pour le moyen, la période est sensiblement la même; mais nous avons vu de jeunes chiennes naines avoir leurs premiers feux à cinq mois et demi. Généralement ce fait se produit chez les chiennes les plus faibles; cependant cela est assez

rare. Nous choisirons quant à nous, comme nous l'avons dit plus haut, la période des seconds ou troisièmes feux. Celle-ci peut varier entre quinze et dix-huit mois.

Pour le grand Caniche, il est recommandé de ne pas faire saillir une lice avant vingt-quatre mois; de cette façon, l'animal ayant terminé sa croissance, les chiots auxquels il donne le jour sont en principe plus beaux, plus robustes et d'un élevage plus facile.

Les chiennes entrent en chaleur environ deux fois par an, soit tous les six mois. Cette période dure deux à trois semaines.

Manifestations: les chiennes sont nerveuses, peuvent perdre l'appétit, et elles attirent les mâles du voisinage. Attention! Il se produit également un écoulement de liquide muqueux et sanguinolent.

Dates à respecter: pour une chienne, la saillie doit avoir lieu entre le 9e et le 13e jour à dater du début de l'écoulement. Ces quatre jours sont les plus favorables à la fécondation.

Ce n'est du reste pas avant le 7e, voire même le 10e jour, que l'accouplement pourra se réaliser le plus aisément. Cependant, il peut fort bien arriver que la femelle ne veuille plus se laisser couvrir après le 10e jour, ce qui peut obliger l'éleveur à intervenir pour la contraindre à accepter le mâle.

Au début des chaleurs, la chienne n'accepte pas le mâle et si, au premier contact, elle se montre agressive, il y aura lieu de ne pas insister et de tenter l'expérience à nouveau le lendemain.

Il est préférable de conduire la femelle auprès de l'étalon choisi; elle s'y sent ainsi moins chez elle et oppose généralement moins de résistance.

Mais, en règle générale, il suffit de laisser les deux chiens enfermés pendant une heure ou deux. Dans certains cas, si l'on n'est pas sûr que la chienne soit fécondée, une seconde saillie peut avoir lieu deux ou trois jours plus tard.

Le temps de l'accouplement peut durer de dix minutes à une heure. Le mâle ayant repris sa position normale sur ses quatre pattes, il est utile de surveiller le comportement de la chienne. Si cette dernière cherche à s'éloigner, son maître interviendra avec douceur, l'obligeant à rester dans une position favorable au mâle, jusqu'au moment de la séparation qui s'opère naturellement. Toute intervention tendant à accélérer cette séparation pourrait faire subir à l'un comme à l'autre des deux sujets des blessures plus ou moins graves, et ce principalement au mâle.

Après la séparation, les deux sujets seront éloignés l'un de l'autre, afin qu'ils se reposent dans le calme, en vue de renouveler l'opération quarante-huit heures plus tard.

Le fait que la chienne ait été saillie n'exclut pas la fécondation éventuelle de quelqu'autre chien étranger à la race, ce qui risquerait de donner naissance à des chiots croisés. C'est pourquoi l'on continuera à maintenir la

chienne enfermée jusqu'à la fin de ses chaleurs. Si par malheur l'accident redouté venait à se produire, l'intervention immédiate du vétérinaire, c'est-à-dire dans les premières heures suivant cet accouplement, pourra annuler la fécondation.
La saillie doit être déclarée dans les quatre semaines à la SCC. Il existe des imprimés spéciaux (la naissance sera déclarée dans les quinze jours).

Antiparasitaires

Nous venons de voir que pour la première saillie, la chienne devait avoir 18 mois environ. Quelques jours avant de procéder à celle-ci, dès l'apparition des chaleurs, on administrera à l'animal un vermifuge afin d'éliminer les éventuels parasites internes, toujours néfastes au bon déroulement de la gestation. De plus, les jeunes chiots en seraient eux-mêmes affectés à leur naissance. Si, par mégarde, on a omis d'appliquer cette mesure préventive et que l'on constate la présence des parasites, il ne faut plus intervenir, car il est dangereux pour la gestation de purger l'animal. Il en est de même pendant toute la durée de l'allaitement.
La seule destruction parasitaire possible est celle qui vise les parasites externes, tels que poux et puces. On peut les vaincre en utilisant une poudre à base de DDT répandue sur l'animal par saupoudrage. Les parasites externes, par leur présence énervent la chienne, l'empêchent de se reposer normalement. De plus, à la mise bas, ils s'attaquent principalement aux chiots nouveau-nés, ce qui compromet dangereusement leur croissance. Il existe à cet effet certains produits utilisables sur elle-même et les chiots, sans que cela présente un danger quelconque; pour elle, qui lèche ses petits, ni pour ces derniers quand ils tètent leur mère.

La gestation

Le temps de gestation est d'environ neuf semaines. Le délai normal est de soixante-trois à soixante-huit jours pour le Caniche de grande taille. Pour le moyen, le temps est sensiblement le même; toutefois pour les sujets de petite taille et les nains, il se situe entre cinquante-neuf et soixante-deux jours.
Pendant la période de gestation, la chienne recevra une nourriture reconstituante en quantité suffisamment abondante pour satisfaire son appétit. L'animal doit trouver dans l'alimentation qui lui est donnée tout ce qui lui est indispensable à la parfaite constitution et au bon développement du squelette des chiots.

La mise bas

• La température descend à 37°C, vingt-quatre heures avant le commencement, du “travail” et remonte à 38°C avant les contractions.

• La chienne va s'étendre sur la couche qui lui a été préparée dans un coin chaud et tranquille. Elle lacère souvent son coussin ou la couverture.

• Après qu'elle a lâché les eaux apparaît le premier chiot. Les autres apparaîtront toutes les demi-heures environ. La mère les expulse généralement sans problème et l'intervention du vétérinaire est rarement nécessaire. Toutefois, il est bon de se rendre d'urgence chez le vétérinaire si la mise bas est longue et que les contractions sont faibles et sans résultat. Il effectuera alors une césarienne.

• Les chiots sont expulsés avec leur membrane, sorte d'enveloppe protectrice que la mère mangera en même temps que le placenta.

• C'est encore la mère qui rompra les cordons ombilicaux. Vous pourrez les ligaturer si l'un d'eux saigne.

• Ensuite, quand la mise bas est terminée, il faut remettre les bébés à leur mère et s'efforcer de les faire téter le plus rapidement possible.

• N'allez pas tripoter sans arrêt les petits et interrompre les tétées.

• Laissez la nichée tranquille, la mère a besoin de calme.

• Ne gardez pas trop de jeunes, quatre au maximum, normalement.
Il est bien entendu que le nombre de jeunes à laisser à la mère varie encore avec la catégorie de taille à laquelle elle appartient. Chez les grands Caniches, il n'est pas rare d'avoir 9 ou 10 jeunes. Pour les moyens, le nombre est de 6 ou 7; et, dans la catégorie naine, ce nombre peut osciller de 1 à 5 suivant la taille et la force des parents. Nous laisserons donc à la mère la quantité de jeunes à élever en fonction de ces données naturelles, compte tenu de ses possibilités personnelles.
Une grande Caniche pourra aisément et sans danger, en étant bien nourrie avec une assez forte proportion de viande, mener à bien une portée de 6 voire même de 7 chiots. Pour une chienne du type moyen, nous conseillerons de laisser suivant la force de la chienne, 4 ou 5 petits à élever. En ce qui concerne les mères de la variété naine un maximum de 3 nouveau-nés conservés est largement suffisant.

L'allaitement

Les petits chiots ont les yeux fermés à leur naissance. Ils se déplacent difficilement et rampent à la recherche des mamelles de leur mère. Pendant les premiers jours, les jeunes chiots dorment presque continuellement et ne s'éveillent que pour téter. A ce régime, ils grossissent vite et leur poids double au bout de huit jours. La mère ne les quitte guère pendant cette période, elle est sans cesse occupée à les nettoyer et à leur donner à téter. Elle absorbe même leurs excréments pour que leur lit soit toujours propre.

Si dès le début toutes les mamelles ne sont pas utilisées, il faudra les traire avec les doigts pour qu'elles ne s'engorgent pas, ou obliger les jeunes à absorber le lait des mamelles délaissées.

Pour la première portée, il sera bon de pratiquer l'élevage par allaitement mixte, c'est-à-dire suppléer au lait maternel avec du lait de chienne en poudre que l'on trouve dans le commerce. Dès la fin du premier mois, on présentera aux chiots un peu de ce lait spécial de commerce. Ils le laperont dans une soucoupe. On leur en donnera matin et soir, en y ajoutant un peu de viande hachée finement ou de jus de viande rouge. Ils commenceront donc à moins téter la mère et sa production laitière diminuera.

On pourra donner le matin et le soir du lait enrichi, puis à 12 et 16 heures des bouillies de farine premier âge additionnées de viande crue hachée finement. Au 10e jour, la bouillie de midi et le lait du soir seront remplacés par une purée de légumes avec de la viande finement hachée. Quinze jours après, les chiots recevront 10 à 20 g de viande par jour (selon leur taille).

Pasbidonstary's Mon Shery Stephany et sa fille Panna de la "Vecchia fattoria". Eleveur: J.W. Galen; propriétaire: élevage de la "Vecchia fattoria" de S. Suppa

A *trois semaines*, 30 g de viande pour le Caniche nain, 200 g pour le Caniche royal.
A *quatre semaines*, 90 g de viande pour le nain, 300 g pour le royal.
A *cinq semaines*, 60 g de viande pour le nain, 80 g pour le moyen, 400 g pour le royal.
A *trois mois*, 250 g de viande, en deux fois, pour un moyen.

• Si un bébé pleure, c'est peut-être parce qu'il est malade ou qu'il ne tète pas. Veillez que la mère ait du lait et qu'il ne soit pas défectueux.

• Obligez la maman à se nourrir et à boire abondamment.
La chienne doit également prendre de l'exercice.
On donnera aux chiots une alimentation riche en viande crue et en vitamines. L'adjonction de calcium est destinée à prévenir les crises d'éclampsie dues à une baisse du taux de calcium dans le sang. La mère doit normalement alimenter ses bébés durant huit ou dix semaines. On commence à distribuer des aliments de sevrage complémentaires dès l'âge de six semaines.

Unia, Uranona, Udine. Elevage de La Boire des Pinots

Le sevrage

A partir de quatre à six semaines, il est nécessaire d'aider la mère allaitante, pour la soulager et préserver sa santé. Le lait de chienne est beaucoup plus riche en protéines (albumine, en particulier) que le lait de vache; il est aussi plus concentré, d'où la nécessité de recourir à du lait enrichi spécial pour carnivores.

Lorsque les jeunes Caniches atteignent l'âge de six semaines, la chienne réduit d'elle-même les tétées. Elle ne revient vers sa progéniture que 3 ou 4 fois par jour, au moment de la montée du lait.

C'est vers cette époque que débute vraiment le sevrage. Ce dernier doit toujours s'effectuer progressivement afin de ne pas nuire au développement des chiots. Ils devront avoir des distributions de lait plusieurs fois par jour.

On commencera également à leur donner des soupes légères composées de mélanges de farines d'orge ou de riz. Il faudra ajouter à ces pâtées de 1 à 3 cuillérées de viande hachée. On aura soin d'adjoindre de l'huile de foie de morue.

Généralement, l'allaitement s'achève vers l'âge de deux mois. Cependant certaines chiennes prolongent l'allaitement de leurs jeunes jusqu'à l'âge de deux mois et demi et même parfois trois mois.

L'amputation de la queue

L'ablation de la queue pour le Caniche n'est pas obligatoire, le standard acceptant le port de la queue totale, à condition toutefois qu'elle ne soit pas roulée sur le dos. Cependant la majorité des Caniches ont subi cette opération qui a l'avantage de diminuer la longueur du chien et de le faire paraître plus court, donnant ainsi au Caniche l'aspect recherché par le standard.

Cette ablation doit être pratiquée dans le jeune âge, dès les premiers jours de la naissance, l'appendice caudal étant très souple à ce moment. En procédant tôt, lorsque les jeunes atteignent l'âge du sevrage, le poil est déjà poussé, masquant toute trace de l'opération. Si le jeune Caniche est né avec des ergots supplémentaires, comme le standard ne l'admet pas, il sera bon de les supprimer à ce moment.

Le chiot

Petit Caniche deviendra grand

L'existence de votre Caniche commence *in utero*, c'est-à-dire dès l'instant où le porte sa mère, et que ses organes sensoriels lui permettent d'être affecté par le monde extérieur ou par l'émotivité de sa génitrice.

Il est certain qu'un stress important de la mère est capable d'agir sur l'émotivité future de l'animal. Un chiot équilibré sera donc le produit d'une mère équilibrée. C'est dire toute l'importance de la période de gestation que peu de propriétaires pourront contrôler s'ils ne sont pas eux-mêmes propriétaires de la mère de leur futur Caniche. Néanmoins il est souvent possible de rendre visite à cette mère avant la naissance et de constater, non seulement son état de santé général, mais aussi son degré d'émotivité, voire d'agressivité.

Ainsi, il faut savoir qu'une future mère anxieuse a de grandes chances de produire un chiot anxieux et que si celle-ci souffre de carences alimentaires, le jeune pourra être atteint de boulimie et d'obésité.

Chez des chiens aussi sensibles et aussi réceptifs que le Caniche, cet élément est d'une importance toute particulière. De ce fait, il faut veiller à ce que la future mère Caniche se trouve placée dans un environnement aussi paisible que possible et n'engendrant aucun phénomène d'angoisse, qui serait préjudiciable à l'équilibre du jeune Caniche. Il faudra lui éviter tout déplacement inconsidéré, émotion excessive et agitation intempestive.

Bien entendu, si la mère ne vous appartient pas et n'est donc pas sous votre surveillance, il sera difficile de prendre de telles garanties. Néanmoins quelques visites impromptues sous les motifs les plus divers vous permettront de juger des bonnes conditions dans lesquelles votre futur petit Caniche aura passé cette partie importante, parce que déterminante, de son existence.

Dès sa naissance et jusqu'à trois semaines environ, le Caniche se trouve dans sa période néo-natale, qui précède la période des premières relations sociales avec son environnement. Généralement le chiot n'est pas encore en votre possession puisqu'il ne peut être séparé de sa mère.

Amanda. Elevage de la Boire des Pinots

Pendant cette période, l'apprentissage des fonctions fondamentales s'effectue parallèlement avec le développement du cerveau et des facultés sensorielles. Il s'agit là encore d'une période essentielle, et il convient de laisser à la mère les prérogatives de cette prééducation qui déterminera la future adaptabilité du Caniche. Il est possible de stimuler les fonctions d'éveil en prenant contact avec le chiot, mais sans excès, afin de ne pas perturber l'émergence de ses premières sensations par des gestes perturbateurs ou inadaptés.

Dans le cas où le chiot est chez un éleveur, celui-ci se chargera de développer au maximum les capacités de l'animal. Dans le cas d'un particulier, il conviendra de se rendre compte de sa compétence et éventuellement de l'inciter à des gestes d'éveil, tels que des manipulations quotidiennes sans excès, qui accélèrent la maturation du cerveau, et des caresses, qui favoriseront les réceptions tactiles. Des stimulations auditives et visuelles peuvent être recommandées, mais toujours avec le plus grand souci de n'induire aucun stress.

Canichons abricot nains de 3 mois. Elevage Ker Cottuch'Hent

Au bout de trois semaines, le jeune Caniche commencera à répondre à des stimulations extérieures de façon de plus en plus nette. Peu à peu, le chiot commence à ingérer des éléments carnés dans son alimentation, et les tétées se font de plus en plus rares. Le chiot commence à grogner, à aboyer et à se livrer à diverses investigations dans la maison.

Vers quatre semaines le Caniche commence à prendre de l'indépendance et développe le caractère ludique de ses activités, notamment en présence de congénères. Le faciès devient beaucoup plus expressif, les réactions émotionnelles sont beaucoup plus précises.

Entre cinq et sept semaines, la période de socialisation atteint son maximum et se poursuivra jusqu'à l'âge de 12 semaines. A partir de là, la socialisation deviendra plus difficile à établir, et apparaîtront les phénomènes d'entêtement, de peur et de fuite. Cette attitude se justifie à l'état naturel par la nécessité de réagir à la présence d'autres espèces, assurant ainsi la survie face à des prédateurs.

C'est pourquoi c'est entre cinq et

sept semaines que se situe la période la plus favorable pour accueillir le jeune Caniche dans son nouveau foyer. En effet, son adaptabilité atteint alors son seuil maximal, ainsi que sa faculté d'assimilation qui lui permettra avec facilité d'adopter son nouveau foyer, ses nouveaux maîtres, et de s'intégrer aux environnements les plus variés, ce qui est l'une des qualités principales du Caniche.

Les attitudes sociales

Le Caniche, le dira-t-on assez, est un animal social par excellence; il recherche la compagnie de l'homme et saura, pour attirer sur lui l'attention, déployer une grande imagination. Néanmoins, un certain nombre de ces attitudes, dites "sociales", doivent être combattues dès le plus jeune âge, car certains comportements pourraient être préjudiciables à une bonne harmonie entre le chien et ses maîtres.

Si les premiers jours du chiot à la maison font l'objet d'une constante surveillance, notamment en ce qui concerne la propreté, il faudra aussi prendre garde à un certain nombre de choses qui, pour insignifiantes qu'elles puissent paraître au départ, pourront se révéler à la longue fort gênantes.

Ainsi en est-il de la mendicité, qui est une attitude naturelle parfois encouragée inconsciemment. Pour lutter contre cette attitude, il convient dès le départ de nourrir le chien séparément et de ne céder à aucune de ses supplications pendant vos repas. Il convient bien évidemment de prévenir vos visiteurs et de ne pas céder aux mimiques les plus cocasses que votre Caniche ne manquera pas d'inventer pour tromper votre inflexibilité. Il faut pourtant savoir que si vous cédez, même de façon intermittente, il sera pratiquement impossible de débarrasser par la suite le chien de cette fâcheuse habitude.

Une attitude non moins gênante est constituée par l'aboiement intempestif. L'aboiement a des significations diverses, et il ne faut pas oublier qu'il est pour le chien un moyen de communication essentiel. Il faut savoir que le Caniche est un chien particulièrement loquace qui ne ménage pas sa voix et que son timbre souvent aigu peut constituer une gêne réelle si on ne limite pas ses ardeurs.

Il ne faut pas non plus tomber dans l'excès inverse et priver le chien d'un moyen d'expression essentiel.

L'aboiement est une réponse à trois événements principaux: l'isolement, l'alarme et l'attente d'une réponse ou d'une attitude de la part de son maître. L'isolement sera la plupart du temps facile à éviter, mais il en va autrement de l'aboiement en signe d'alarme. Il faudra habituer le Caniche aux intrusions dans son espace vital, au besoin par des simulations que sauront mettre en œuvre voisins et amis, et le calmer ou le distraire à chaque velléité d'aboiement. En revanche, face à une situation jamais simulée, bruits nocturnes ou inconnus, il est probable que le chien aboiera avec plus d'à-propos et jouera pleinement son rôle, même si le Caniche n'est pas destiné, en principe, à être un chien de garde, - mais parmi les plus grandes tailles cette perspective n'a rien d'incongru.

Autre habitude ennuyeuse que celle de sauter à tous propos sur les gens. A ce jeu-là le Caniche est un expert et son agilité naturelle lui permet, notamment pour les espèces les plus petites, de sauter directement dans les bras de votre visiteur. Cela peut se révéler parfois amusant, mais la généralisation d'une telle attitude peut occasionner quelques désagréments, notamment lorsque la personne ne s'y attend pas, ou que l'animal a la bonne idée d'exécuter cette démonstration après avoir voluptueusement pataugé dans les flaques, rendant ainsi hommage à ses dispositions naturelles en milieu aquatique.

Il convient donc de ne pas laisser l'animal prendre ce genre d'initiative et de ne l'y autoriser que si cela est conditionné à un appel exprimé de votre part. L'intelligence très vive du Caniche lui permettra très rapidement de faire la distinction et vous n'en aurez qu'à vous en féliciter.

Ces quelques restrictions n'entameront en rien le bonheur de votre chien et cela vous permettra d'avoir un Caniche bien élevé, ce qui ne signifie pas pour autant atone ou amorphe, bien au contraire, car l'effort de communication qui sera intervenu pour aboutir au résultat recherché pourra permettre de nouer de nouvelles relations et d'inventer tour à tour, jeux et signes de connivence.

Un chien de tous les instants

Le Caniche et l'enfant

Beaucoup de parents estiment, à juste titre, qu'un chien participe à l'épanouissement de leurs enfants, notamment en ville où les contacts avec la nature sont plus rares. Le Caniche est un animal qui s'adapte avec une facilité surprenante et qui s'accommode à merveille des enfants les plus turbulents aux jeux desquels il participe avec joie.

Il faut néanmoins prendre garde à ne pas laisser l'enfant se comporter avec le Caniche comme avec un jouet que l'on jette après s'en être lassé. Un Caniche est un animal sensible entre tous, attentif à la considération, mais qui peut aussi avoir des réactions de défense lorsqu'il est agressé par un enfant qui n'a pas compris qu'il s'agit d'un être vivant sensible à la joie comme à la douleur.

La première chose à faire est de rendre le petit maître responsable, et vous constaterez à ce prix qu'une grande complicité s'établira entre le Caniche et l'enfant qui se confiera volontiers à son ami à quatre pattes et lui servira de confident, tant il est vrai que les enfants évoluent dans un monde dans lequel le rêve et l'imagination ont une grande part.

Dans les villes, où la cellule familiale est généralement réduite, où les parents travaillent tous les deux, le Caniche, si enjoué, si joueur, aidera l'enfant à supporter la solitude.

Le Caniche et l'ancien

Certains chiens trop volumineux doivent être déconseillés aux personnes âgées, car un mouvement d'affection un peu trop brusque peut déséquilibrer la personne et la faire tomber avec ce que cela comporte de risques.
Avec le Caniche, rien de tel ne peut arriver, car sa taille en fait un compagnon peu encombrant et agréable. Il saura briser la solitude d'une personne isolée qui reportera sur lui toute son affection. De plus, la présence d'un Caniche éclairera la grisaille du quotidien et obligera à de plus fréquentes sorties, multipliant ainsi les possibilités de rencontres avec d'autres possesseurs de chiens.
Un grave problème peut se poser néanmoins en cas de départ en maison de retraite. Fort heureusement, la tendance actuelle, qui va vers le maintien à domicile ou dans de petits logements collectifs de quartier, permet le plus souvent de conserver un animal de compagnie, qui saura se montrer fort discret avec le voisinage.

Le Caniche et le sportif

Contrairement à ce que l'on pense généralement, un chien de la taille d'un Caniche est le compagnon idéal des randonnées champêtres et des baignades estivales. En perpétuel mouvement, toujours prêt à suivre son maître, le Caniche, quelle que soit sa taille, vous accompagnera avec plaisir le long des sentiers forestiers et ne sera pas le dernier à partager avec vous les joies de la baignade.
N'oubliez pas, en effet, que si beaucoup de Caniches vivent une vie urbaine, il s'agit d'un chien très rural, adapté à la chasse au gibier d'eau et habitué à affronter les intempéries.

Le Caniche contre la solitude

Célibataires, veufs, divorcés, personnes âgées, il ne manque pas de cas d'êtres humains vivant dans le plus total isolement, qui trouveront auprès du Caniche une agréable compagnie. Le manque de communication ne sera alors plus qu'un mauvais souvenir: finies les longues soirées solitaires, terminé le sentiment de n'être rien pour personne.
Animal gai et facétieux, le Caniche attendra votre retour avec impatience et saura vous faire comprendre combien il tient à vous.

Le Caniche-enfant

Certains considèrent leur animal comme un enfant soit qu'ils n'en aient pas, soit que ceux-ci soient arrivés à l'âge de faire leur vie.

Hyperchoyé, protégé du monde extérieur et materné de façon excessive, soyez sûr que vous en ferez le Caniche le plus malheureux du monde et que les mille précautions dont vous l'entourez ne feront que développer chez lui des névroses et amoindrir sa résistance physique.

Le Caniche est un animal solide, rustique, nous l'avons déjà dit, et en aucun cas on ne doit lui faire jouer le rôle abêtissant d'un poupon affublé d'attributs ridicules et dégradants.

Attention, ce réflexe est encore bien vivace, et il faut le combattre avec énergie, ce qui ne signifie pas, bien entendu, qu'il faille l'abandonner à lui-même. De la mesure dans toute chose...

Le Caniche et le schizophrène

De nombreuses expériences ont démontré que le contact d'un chien pouvait avoir une influence très positive sur toutes sortes de comportements névrotiques, et des résultats très satisfaisants ont été obtenus en milieu hospitalier. De là à dire que votre Caniche constitue le meilleur remède contre les risques de dépression, il n'y a qu'un pas que nous franchirons avec enthousiasme...

Votre Caniche est formidable

Peu de chiens suscitent autant d'enthousiasme de la part de leurs propriétaires que le Caniche, dont tous s'accordent à reconnaître l'extraordinaire intelligence. Les multiples talents qu'il sait montrer ont été mis en évidence depuis toujours. Le premier de ces talents correspond à l'une de ses dispositions naturelles, dont nous avons eu l'occasion de parler, celle de chasseur émérite au canard.

Il est vrai que le Caniche n'est que rarement assimilé à un chien de chasse tel qu'on l'imagine aujourd'hui et dont font plus volontiers partie Setters, Pointers et autres retrievers. Mais il s'agit là d'une idée préconçue, comme le prouvent les nombreuses évocations littéraires et picturales qui décrivent le Caniche comme un excellent rapporteur de canards en toutes circonstances.

Le Caniche compterait-il damer le pion aux ratiers les plus convaincus? On peut se poser la question, quand l'on sait qu'en 1870, au moment du siège de Paris, il fut l'un des meilleurs pourfendeurs de rats de toute la capitale.

Chien de chasse donc, et pourquoi pas chien de berger? J'en vois déjà hausser les sourcils. C'est qu'ils n'ont pas assisté, comme moi, au manège de ce charmant toy appartenant à des amis qui élevaient, pour éviter le travail fastidieux de la tondeuse, une dizaine de moutons. Si ces brouteurs impénitents faisaient mine de s'approcher un peu trop près des massifs de fleurs entourant la maison, le Caniche bondissait en aboyant, renvoyant le troupeau à de plus saines occupa-

tions. Il s'acquittait fort bien le soir de sa mission en rentrant les animaux à la bergerie après les avoir circonscrits dans des cercles concentriques.
Le spectacle de ce minuscule Caniche, imposant sa loi aux moutons un peu ébahis et bondissant de la vitesse de ses petites pattes, était un spectacle chaque fois étonnant et inoubliable.
Chien de chasse, chien de berger et... chasseur de champignons! Ou plus exactement de truffes, comme en témoigne une ancienne gravure anglaise. Cette anecdote rapportée par Germaine Luquet prouve qu'il s'agit là de l'une des qualités particulières de la race.
Et encore, chien d'aveugle...
Les talents du Caniche ne semblent pas avoir de limites. En effet, depuis fort longtemps, l'aptitude du Caniche à guider les aveugles est connue. Montaigne, déjà, Théophile Gautier, plus tard, en font état.
Il existe aujourd'hui plusieurs centres de formation de chiens guides d'aveugle, et le Caniche y tient une place importante. Naturellement, cette utilisation est réservée aux plus grands Caniches, non pour des questions de capacité, mais avant tout parce que la taille du chien a ici une réelle importance, une hauteur de 40 à 42 cm au garrot n'étant nécessaire. A cette restriction près, le Caniche possède donc toutes les qualités et les dispositions qui en feront un chien d'aveugle parmi les meilleurs.
Il faut aussi parler de ses dispositions pour le cirque. Certes, beaucoup pensent que ces exercices ridiculisent l'animal et sont opposés à ce genre de pratique. Cela n'empêche pas de remarquer les étonnantes dispositions de ce chien à faire toutes les clowneries imaginables. Le don d'imitation naturel du Caniche, sa souplesse, son agilité, sa vive intelligence et une certaine propension, pourquoi le cacher? à certaine considération pour sa propre personne et un certain goût à polariser l'attention d'une assistance.

Un animal doué de raison

Depuis toujours, l'homme s'interroge sur le fait de savoir si certains animaux parmi les plus évolués sont dotés d'une intelligence, c'est-à-dire ont la faculté de penser, d'user de la réflexion afin de prendre une décision. On a longtemps considéré que la faculté de penser et de raisonner était directement proportionnelle à la taille du cerveau, ce qui ne s'est pas vérifié de façon incontestable. Certaines observations montrent notamment que le chien, et le Caniche, entre tous, est capable, dans une certaine mesure, de libre-arbitre.
On sait que le chien rêve, ce qui est déjà la démonstration d'une activité cérébrale autonome qui n'est pas liée à des événements immédiats. De plus, le rêve est lié à une activité psychique qui n'a rien à voir avec l'instinct. Bien entendu, encore faudrait-il savoir à quoi rêve votre chien lorsque ses yeux s'agitent sous les paupières closes...
De plus, le chien semble jouir de qua-

Cristo, 8 mois.
Elevage de Daim-Pré

lités extra-sensorielles qui échappent à notre entendement. Ainsi en est-il de ce sixième sens qui permet à l'animal de parcourir des centaines de kilomètres pour retrouver son maître.

Mais le fait de savoir si tel ou tel acte de l'animal est guidé par une forme d'intelligence reste obscur, même si les observateurs attentifs sont convaincus que le chien est un animal doué de raison. Comment trancher une question aussi complexe alors que nous avons du mal à nous accorder sur une définition de l'intelligence et que nous ne pouvons en juger qu'à partir de nos seules structures mentales...

L'erreur qui consiste à considérer le problème en terme d'analogie avec nos propres concepts est couramment répandue et fausse le problème à la base. Les détracteurs de l'intelligence animale argumenteront en mettant en avant le phénomène du conditionnement et de l'adaptation. Ainsi en serait-il du chien qui a, par hasard, découvert le fonctionnement d'une poignée de porte, qui rapporte un objet en espérant une récompense, qui agit d'une façon générale en fonction de la réponse qui doit résulter de son acte.

Et c'est là que la barrière est fragile car, parmi certains de nos congénères, combien en est-il qui ne réagissent qu'en fonction de *stimuli* et de façon parfois à peine plus évoluée que certains chiens...

Car il faut aussi prendre en compte l'aptitude physique à agir: un chien n'ouvrira pas une boîte de conserve, parce qu'il en est physiquement incapable, mais un singe le fera aisément. Un chat grimpera à l'arbre pour y guetter l'oiseau, parce qu'il sait le faire; un oiseau saura profiter des courants ascendants mieux que n'importe quel pilote; une chauve-souris évoluera dans l'obscurité la plus complète; l'abeille saura mettre en place une véritable organisation sociale.

Certes, l'homme a su pallier ses insuffisances physiologiques, ce qu'est rarement en mesure de faire l'animal, mais c'est avant tout pour parvenir à effectuer ce que certains animaux savent faire naturellement.

Aussi convient-il d'être très prudent en la matière, car les actes les plus intelligents des animaux passent souvent inaperçus pour la raison fort simple que nous cherchons avant tout une analogie de comportement avec le nôtre, ce qui est la première erreur et fausse tout le problème. Aussi, on est trop souvent enclin à confondre capacité de dressage et intelligence.

Le psychologue Sleinner, qui s'est longuement penché sur cette question, a mis en évidence une notion importante avec le conditionnement "opérant", comme l'a rapporté Frédérique Langenneim: "On qualifie ce conditionnement d'opérant, car il est, non pas lié à un excitant spécifique, mais émis spontanément par le sujet. Le renforcement, ou excitant, est en relation de contingence avec la réponse, tandis que le conditionnement classi-

Les champions Dolli André et Dolli Patriccia. Propriétaire: A. Scapin

que est de type répondant, c'est-à-dire lié à un renforcement spécifique dans lequel l'excitant de renforcement (poudre de viande) est en relation de contingence avec un autre excitant (son de cloche). En résumé, le conditionnement pavlovien, ou classique, a un caractère de dépendance, tandis que l'autre est caractérisé par une indépendance. En ce qui concerne le premier, l'obtention de la poudre de viande ne dépend en aucune façon de la réaction de salivation. Dans le deuxième cas, l'obtention de la nourriture dépend de la manipulation du levier."

On a vu un chien qui a fourni très tôt un exemple d'apprentissage opérant: à trois mois, il avait pris l'habitude de sauter sur la porte d'entrée qui donnait sur le jardin de la maison. Après plusieurs essais infructueux, il réussit, par hasard, à ouvrir la porte; il sautait suffisamment haut, se laissait retomber ensuite avec une patte sur la poignée, puis tirait la porte avec le revers de l'autre patte. Il réussit bientôt à ouvrir toutes les portes de la maison, qu'il fallait souvent fermer à clé à cause de lui.

Dans ces apprentissages de caractère opérant ou répondant, les réactions modifiées n'apparaissent pas d'un coup, mais après de nombreux essais successifs avec tâtonnements, et progressivement. Mais il existe, à mesure que l'on s'élève dans l'échelle animale, des apprentissages dits intelligents ou des réactions intelligentes. Ce sont des conduites d'adaptation à des situations nouvelles, qui se font en une seule fois, sans acquisition progressive. Il peut y avoir des essais, mais l'adaptation finale est caractérisée par une sorte de compréhension des relations entre les divers éléments de la situation, comme dans un puzzle. Il y aurait une réorganisation du champ perceptif, ce qui implique invention, donc pensée.

Les chiens sont incapables d'appréhender des relations symboliques, même élémentaires, comme le font les singes supérieurs. Ils peuvent néanmoins avoir de nombreuses réactions intelligentes. En laboratoire, on a souvent fait des expériences avec eux sur l'acquisition d'habitudes de position et de discrimination, on a étudié la saisie des relations causales et spatiales.

Pour tester leur capacité à saisir les relations causales, on a eu recours à "la boîte à mécanisme" (ou boîte à problèmes) de Thorndike. L'animal est placé dans une cage à deux compartiments séparés par une porte avec un loquet. Pour accéder au compartiment contenant de la nourriture, et qu'il peut voir, il doit soulever le loquet. D'après son comportement, on voit s'il y a simple apprentissage ou apprentissage intelligent. Les oiseaux sont incapables de conduites intelligentes dans ce test, tandis que les chiens trouvent la solution presque immédiatement, comme s'ils avaient réfléchi au problème. Tout comme l'être humain, un animal inattentif, perturbé ou peu motivé aura des diffi-

cultés à résoudre des problèmes nécessitant un comportement intelligent.
Pour tester la capacité à saisir les relations spatiales, on a recours aux expériences dites de détour, plus ou moins simples. Dans la plus simple, il y a un détour autour d'un grillage qui ne masque pas le but à atteindre. Le chien arrive facilement au but. La situation plus compliquée est le détour autour d'un grillage rectangulaire, avec nécessité de tourner le dos au but. Le chien résout le problème immédiatement. Toutes ces expériences se ressemblent: parfois, le but à atteindre est visible du point de départ, mais pas la voie; ou bien, le but est parfois invisible au cours du trajet. Ces expériences, en principe, sont résolues par le chien.

Le champion Eddy de San Miniato in Colle

Nous pensons que les animaux de laboratoire sont, en général, moins intelligents que ceux qui ont des rapports sociaux et affectifs avec d'autres animaux, à deux et à quatre pattes. Cela a d'ailleurs été prouvé chez l'enfant par Spitz, qui étudia le cas de bébés qui avaient été élevés depuis leur naissance dans deux types d'institutions: un orphelinat, dans lequel chaque nurse s'occupait d'un groupe de 8 à 12 enfants, donc sans véritable lien affectif, et une nursery, où les mères s'occupaient personnellement de leurs enfants, les conditions matérielles étant excellentes dans les deux cas. Au bout de quatre mois, on testa le quotient de développement (comparable au Q.I.) des enfants par le Hetzer-Wolf Baby-Test, qui mesure la perception, les fonctions du corps, les rapport sociaux, la mémoire et l'imitation, les capacités de manipulation et l'intelligence. Celui des orphelins était de 124, celui des enfants de la nursery de 102. Mais, au bout d'une année, le quotient des orphelins était tombé à 72 tandis que l'autre était toujours de 102.

En conclusion on peut donc dire que le fait d'acquérir des choses non innées est une des manifestations de l'intelligence.

Le professeur Kastler, prix Nobel de physique, nous montre également que puisque personne ne peut avoir accès à ce qu'une autre personne ressent, les méthodes normales de la science, qui impliquent le test d'hypothèses par des observateurs différents, s'avèrent inappropriées. Il y a toujours un seul observateur, et ses observations ne peuvent être vérifiées.

Il est utile de distinguer deux variétés de béhaviorisme, bien qu'en pratique, la frontière ne soit pas toujours bien délimitée. Il y a d'un côté le "béhaviorisme méthodologique", qui ne met pas en cause les expériences subjectives mais refuse de les prendre en considération; elles sont simplement ignorées. De l'autre, il y a le "béhaviorisme logique" pour qui tout discours sur les états mentaux est sans signification. Dans ce cas, les expériences subjectives sont non seulement ignorées mais, par définition, elles sont considérées comme inexistantes. Pour un béhavioriste logique, le désir de manger n'est rien d'autre que l'action de s'engager dans la prise de nourriture, la sensation de douleur rien d'autre que le fait de se tordre, de gémir, etc. Il n'y a rien de plus qui puisse être décrit sous le terme de sensation de faim ou de douleur, puisque les seuls phénomènes réels sont comportementaux et physiologiques.

La conclusion entre ces deux types de béhaviorisme a eu des conséquences malheureuses. De nombreux scientifiques ont à l'origine adopté une attitude béhavioriste envers les états mentaux dans le souci de rendre leur démarche rigoureuse. Mais après avoir agi ainsi, ils se sont mis à considérer les états mentaux comme des phénomènes non seulement embarrassants à prendre en compte mais également dénués de toute réalité. Ainsi bannis de

Pasbidonstary's Mon Shery Stephany. Caniche nain blanc à l'élevage de la "Vecchia fattoria" de S. Suppa

la science pour des raisons méthodologiques, les événements mentaux, particulièrement pour les espèces non-humaines, se sont vu refuser simultanément toute existence.
Tout cela aurait pu faire du béhaviorisme une philosophie entièrement négative; mais même ses critiques, tout en pensant que ce mouvement est allé trop loin, reconnaissent qu'il a apporté une contribution positive. Il a aidé à penser clairement, à formuler des hypothèses pouvant être testées, et à ne pas considérer les animaux comme des êtres humains en miniature recouverts de fourrure. Au XIXe siècle, avant la naissance du béhaviorisme, il n'y avait pas de véritable science du comportement animal, simplement une collection d'anecdotes.
Le béhaviorisme a aidé à faire de l'étude du comportement animal une discipline scientifique, en forçant les scientifiques à porter leurs efforts sur ce qui est observable et mesurable directement. Ils ont rencontré tout de même des difficultés, en raison du caractère transitoire et variable du comportement animal.
Dans un certain sens, le béhaviorisme avait raison; on ne peut être sûr de ce qu'un animal ressent, du moins pas de la même façon qu'on le voit manger ou boire. Mais cela ne signifie pas pour autant que nous devons abandonner tout espoir d'apprendre quoi que ce soit sur les expériences subjectives de l'animal.
Un vaste domaine reste encore à explorer.

L'alimentation

Les chiens tiennent une place importante dans la société moderne. Ils viennent humaniser notre monde impersonnel, indifférent et loin de la nature. Le nombre de chiens est pour ces raisons, sans cesse croissant. Cette population est donc d'une importance économique considérable. Mais trop souvent, les chiens sont trop nourris et mal alimentés. Un chien est pourtant très sensible à toute erreur alimentaire. Ne pouvant compenser ces abus, le plus souvent, par l'exercice, il souffre fréquemment de maladies d'ordre nutritionnel. Notre compagnon mérite donc une alimentation adaptée à ses particularités digestives et métaboliques, suffisante et équilibrée selon son stade physiologique (entretien, lactation, gestation...) et selon son activité (compagnie, garde...), afin d'obtenir les meilleurs résultats pour sa santé, sa beauté et sa longévité.

Les besoins nutritionnels

Pour que la croissance de votre Caniche se déroule sans problèmes, votre Caniche doit trouver dans sa ration des constituants nutritifs choisis et suffisants, et dans les meilleures proportions. Il faut donc lui fournir un équilibre alimentaire. Suivant les teneurs en calories de la ration, on évaluera précisément les quantités à distribuer, tout en tenant compte de l'âge, de l'exercice et du tempérament individuel.

Le chiot

L'alimentation du chiot qui vient de naître est constituée, bien évidemment, du lait que lui fournit sa mère. Indispensable pour son immunité, il doit, dès sa naissance, absorber le colostrum, premier lait qui contient les anticorps qui le protégeront des maladies infectieuses. Vingt-quatre heures plus tard, le lait maternel contiendra beaucoup moins de ces anticorps mais possédera les éléments nutritifs nécessaires à la croissance du bébé Caniche.

Vers la 2e semaine, le lait maternel commence à plafonner et, vers la 5e semaine, sa production commence à décliner. Il va donc falloir envisager l'introduction d'un aliment complémentaire dès la 2e semaine afin que le sevrage s'effectue sans problème. Pour cela, il est conseillé d'introduire dès la 3e semaine dans un des repas du chiot un complément mélangé, par exemple à du lait de vache. Le bébé Caniche, bien sûr, ne va pas se jeter sur cette nouvelle alimentation, mais si vous y trempez votre doigt et le lui tendez, il va le lécher ou le téter et, peu à peu, va s'habituer à cette nourriture. Cette méthode lui permettra de s'habituer à vous et ne peut donc qu'être bénéfique à sa socialisation. Il suffira ensuite d'augmenter les repas où est introduit l'aliment complémentaire pour que le sevrage se fasse sans stress aucun.

Il est parfois nécessaire d'avoir recours à un allaitement artificiel, en cas de portée nombreuse, de mère affaiblie ou lorsque les mamelles sont infectées et ne produisent que du lait toxique ou ne produisent plus. On peut donc recourir à des laits de substitution. Le lait de vache ne convient pas très bien, car il est constitué de beaucoup de caséine qui forme, dans l'estomac du chien, un caillot difficile à digérer. Mais le lait de vache concentré, non sucré, auquel on ajoute du phosphate bicalcique et un jaune d'œuf par 200 ml de lait, semble permettre une bonne alimentation du chiot. L'idéal cependant reste les aliments d'allaitement spécialisés qui sont bien plus proches du lait de la chienne. D'une parfaite conservation et d'un emploi simple, ces laits se trouvent dans les pharmacies et chez les vétérinaires.

Pour pouvoir réussir un allaitement artificiel, il est nécessaire de respecter rigoureusement certaines règles d'hygiène. Tout d'abord, le matériel employé doit être soigneusement nettoyé après chaque utilisation; le lait employé doit être préparé au fur et à mesure des besoins. Le lait doit être distribué au moyen d'un mini-biberon (biberon de poupée) dont la tétine est bien percée, c'est-à-dire laissant simplement suinter le lait lorsqu'il est renversé, de façon à ce que le bébé Caniche n'ait pas trop de mal à aspirer, et qu'il n'avale pas de travers à cause d'un apport de lait trop important.

A partir de la 3e semaine, il est possible de présenter ce lait dans une écuelle afin d'adapter progressivement le chiot à son futur sevrage. Pour celuici, il est important de se rappeler que l'arrivée d'un élément nouveau dans son alimentation doit se faire très progressivement, au moins étalé sur une semaine et par infimes quantités. Il faut, en fait, n'augmenter la ration du nouvel aliment que lorsqu'il a été complètement accepté par le chiot. Tout d'abord, cela évite que le bébé Caniche refuse catégoriquement cet aliment et, de plus, cette précaution élimine tout risque de troubles dus à la perturbation de la flore intestinale.

Lorsque le sevrage sera effectué, il importe d'être très attentif au régime du chiot, car c'est à ce moment-là que la vitesse de croissance et le développement sont les plus rapides. Cette période correspond le plus souvent à la vente du chiot, d'où l'importance

pour le nouvel acquéreur de respecter scrupuleusement le régime indiqué par l'éleveur. Il ne doit en aucun cas le suralimenter, car il prédisposerait le bébé Caniche à une obésité que son maître aurait beaucoup de mal à supprimer. Il ne doit pas non plus supprimer certains éléments indispensables de son alimentation, au risque de voir son Caniche en proie à des retards de croissance, ou même à l'arrêt de son développement squelettique ou musculaire. Contrairement à d'autres races, le Caniche ne risque pas trop ce genre d'incidents, car la période de croissance maximale se situe souvent avant sa vente. Il faut cependant faire attention à ne pas changer brutalement son régime pour les raisons évoquées plus haut. Le rythme de trois repas par jour doit être maintenu jusqu'à la fin de la période de croissance puis peut être ramené à deux jusqu'au poids adulte.
Ces recommandations sont très importantes car l'avenir de votre Caniche en dépend. Son parfait développement, son format définitif, sa conformation, sa beauté et sa santé en découlent.

La chienne en gestation

Si votre femelle Caniche doit mettre au monde des petits, il va vous falloir renforcer son alimentation. Soit elle est capable d'ingérer une quantité supérieure, et il faut donc lui donner davantage ou en plusieurs rations; soit elle ne peut absorber davantage de nourriture, il est alors essentiel de renforcer la concentration énergétique de sa ration. Dans ce dernier cas, il faut donc limiter la cellulose contenue dans les légumes, éviter d'apporter trop de minéraux et ajouter une grande quantité de matières grasses. Les futurs chiots nécessitant durant la gestation des protéines de bonne qualité, il faut donc assurer à la mère une alimentation de meilleure qualité avec l'apport de compléments vitaminés et de minéraux.
Si votre maman Caniche est nourrie ordinairement de façon industrielle, sachez que les marques qui les fabriquent ont, par ailleurs, une gamme qui couvre les besoins des femelles en gestation. En revanche, si votre Caniche s'alimente avec les plats que vous lui confectionnez, il faudra que vous augmentiez sa part de viande grasse et que vous ajoutiez des compléments en vitamines. Lorsque les chiots seront nés, pour subvenir à leur allaitement, vous devrez multiplier la ration de la maman par deux ou trois, que vous lui servirez en trois repas.

Le Caniche âgé

Eh oui, les années passent si vite! Le petit chiot laineux qui a réjoui votre maison et votre cœur durant des années a vieilli. Mais ne vous attristez pas. Si vous faites attention à son alimentation, votre Caniche vous tiendra compagnie encore longtemps!

Lorsque le Caniche commence à prendre de l'âge, les différents organes de digestion et d'élimination sont moins efficaces. Les muscles intestinaux deviennent moins toniques, et souvent le Caniche connaît alors la constipation. Pour pallier cet inconvénient, il est recommandé d'ajouter à son alimentation des fibres végétales, contenues dans les légumes verts, la salade cuite. Ces fibres permettent, par ailleurs, d'abaisser l'apport énergétique de la ration sans en diminuer le volume. Combattez l'obésité, puisqu'elle contribuerait au vieillissement accéléré de votre compagnon. Et puis, surtout, n'invoquez pas le fait qu'il devient âgé pour lui éviter de se déplacer, l'activité avec vous est la meilleure des cures de jouvence!

Maigreur et obésité

Si la maigreur ne touche que 3 ou 4% de la population canine, il n'en est pas de même pour l'obésité, puisqu'elle frappe environ un chien sur trois. La maigreur peut exister pour trois raisons. Soit il est mal nourri, ce qui est facilement réparable. Soit il manque d'appétit; il souffre peut-être d'une maladie infectieuse, ou bien il est perturbé psychiquement (changement de lieu, absence de son maître). Soit il est maigre tout en dévorant; il est peut être atteint d'une déficience digestive, de troubles de l'assimilation (diabète, cirrhose du foie...), ou bien il est perturbé par la présence de parasites.

En tout état de cause, si un caniche est maigre, il faut en premier lieu en déterminer les raisons. Ce que votre vétérinaire vous aidera à faire. Pour lui faire reprendre du poids, il vaut mieux tout d'abord lui apporter un supplément en vitamines et en minéraux. D'autre part, afin qu'il ingère un maximum de nourriture, il faut diviser sa ration journalière en deux, voire trois repas. De plus, il faut faire en sorte que l'apport en viande grasse, en protéines, soit plus important.

L'obésité est une affection bien plus souvent répandue. Combien voit-on de ces chiens Caniches ou autres, alourdis par un poids excessif, s'essouflant dès la moindre promenade. Il faut le savoir: un chien gros n'est pas forcément un chien bien nourri: il a au contraire les symptômes d'une alimentation très déséquilibrée. Aimer son Caniche, ce n'est pas le gaver de gâteaux et des restes de la table, mais faire en sorte qu'il soit dans sa meilleure forme physique, sans surcharge de poids gênante pour son activité et son enthousiasme.

Outre les considérations esthétiques (qui ont cependant leur importance), le Caniche obèse risque de voir sa vivacité diminuer, de même que son caractère peut en être altéré. De plus, l'obésité prédispose à des troubles articulaires (ce qui n'arrange rien!), à un ralentissement du transit digestif, à un surmenage cardiaque, le cœur s'enrobant de graisse, à des troubles circulatoires, à des difficultés respiratoires, à du diabète et à la sensibilité

aux infections. En fait, toutes les raisons pour éviter que son Caniche n'en souffre!
Comment faire? Rien de plus simple! Qu'il mange moins de sucres, de chocolat, de gâteaux à toute heure... Et qu'il ait une activité en rapport avec sa consommation. Ce qui veut dire adieu aux sucreries pour votre petit compagnon... Mais un chien se réjouira autant d'un morceau de gruyère (compté dans sa ration journalière) ou d'un petit morceau de viande! En fait, ce sont les habitudes du maître qu'il faut changer. Ah, bien sûr, il est difficile de résister devant ses plaintes, ses gémissements et ses yeux implorants, mais sa santé est en jeu.
Pour ce qui est de ses repas, il suffit d'abaisser la teneur en calories de son alimentation sans en changer le volume. Au besoin, il est possible de diviser sa ration journalière en plusieurs prises, ce qui éliminera sa sensation de faim. Et puis, carte blanche pour les promenades! Sa complicité avec vous en sera accrue...

Les dents

Mammifère carnivore, le Caniche a grand besoin d'une bonne dentition. Il saisit les proies avec ses canines. Les prémolaires et les carnassières déchiquettent la viande, et les molaires broient les os. Les incisives, les canines et les prémolaires qui forment, seules, la denture du jeune chien (dentition de lait: 32 dents) sont remplacées vers l'âge de cinq ou six mois par une denture définitive de 42 dents. L'usure de leurs incisives permet, si le régime alimentaire est correct, et si le Caniche n'a pas de vice masticatoire, de déterminer assez précisément son âge. A quatre ans, on assiste au nivellement des pinces supérieures. A cinq ans, à celui des mitoyennes supérieures, et, entre cinq et huit ans, les couronnes sont très usées et les crocs émoussés. Ensuite, les dents s'entartrent de plus en plus.
Dans les concours et les expositions, les juges sont très sévères sur la conformité de la dentition du Caniche. En effet, si la denture est mal constituée, cela peut se répercuter au fil des générations et provoquer ainsi un certain prognathisme, c'est-à-dire que la mâchoire inférieure avance par rapport à la mâchoire supérieure, ce qui est complètement contraire au standard du Caniche.
Les dents du Caniche doivent être régulièrement surveillées et entretenues afin d'éviter la formation de tartre. L'accumulation de celui-ci, dû à un mélange d'aliments durcis et de bactéries sur les dents, provoque une haleine franchement prononcée.
Pour prévenir ce phénomène, brossez régulièrement les dents de votre Caniche avec une brosse à dents douce et du bicarbonate de soude en guise de dentifrice. Vous pouvez aussi employer des dentifrices spéciaux pour les chiens en vente dans le commerce. Lorsque le tartre est trop prononcé, le vétérinaire peut procéder à un détar-

trage aux ultra-sons et sous anesthésie. Sinon, la gencive devient rapidement enflammée, la racine pourrit, l'animal souffre de rage de dents, les dents se déchaussent et quelques années plus tard, elles tombent.
Le tartre est un problème de civilisation. La denture des chiens est faite pour déchiqueter et découper à la manière des fauves. Mais, pour manger les pâtées qu'on leur sert de nos jours, ils n'ont plus besoin d'une telle denture. Il faut donc veiller à fournir au Caniche de quoi éliminer le tartre, en lui donnant soit des biscuits durs destinés à cet effet, soit des os en nerf de bœuf ou de gros os à moelle. Le Caniche mérite autant que nous une surveillance attentive de ses dents afin de conserver un meilleur état de santé.

L'alimentation du Caniche est simple. Il faut simplement faire preuve de bon sens. Donnez-lui ses repas à heures fixes. Cela vous permettra de connaître les moments où il vous faudra le sortir, et lui donnera un meilleur équilibre. Donnez-lui à boire à volonté. Ne l'habituez jamais à quémander à table. Evitez toutes les confiseries du style gâteaux, sucres, chocolat, ce sont des passeports pour l'obésité! Si vous désirez introduire un nouvel aliment dans sa ration, faites-le très progressivement, sinon vous risqueriez qu'il n'en mange jamais. Dès que votre Caniche maigrit, n'hésitez pas à aller consulter votre vétérinaire rapidement, en ayant pris soin d'observer si d'autres symptômes se sont déclenchés au même moment. Si votre Caniche ne finit pas sa ration, outre le fait qu'il faudra surveiller si cet incident est exceptionnel ou se poursuit, ne gardez pas ce qui reste pour qu'il le finisse le lendemain. Votre Caniche, s'il le termine, risque d'avaler en même temps un véritable “bouillon de culture”, à moins que vous n'ayez pris la précaution de le tenir au réfrigérateur. Nettoyez soigneusement les récipients qui servent à son alimentation. Et retenez surtout qu'un Caniche intelligemment nourri est un Caniche heureux et en bonne santé!

Carnet de santé

Une hygiène régulière est indispensable à la bonne santé et à la présentation de notre Caniche, dont le pelage réclame un peu d'attention si l'on veut le conserver aussi impeccable que possible.

Le bain

Si tous les chiens ne sont pas fanatiques du bain, le Caniche, lui, ne se fait pas prier pour venir patauger dans un bac, ne reniant pas ainsi ses origines de chien d'eau.
Cependant, le bain ne devra pas être trop fréquent car il enlève au poil sa protection naturelle.
Avant de donner son bain à votre Caniche, il convient d'éviter les courants d'air. La salle de bains doit être tempérée. Fermez la fenêtre. L'eau doit être tiède, à 40°C environ, et arriver juste au niveau du ventre du chien. La baignoire avec douche est la plus pratique. Mettez au fond un tapis en caoutchouc pour éviter les glissades qui affolent le chien.
Protégez-vous avec un tablier imperméable. Commencez par bien mouiller le corps du chien, appliquez le shampooing, faites bien mousser en évitant d'en mettre dans les yeux et dans les oreilles de l'animal (on peut protéger les conduits auditifs avec du coton). Rincez une première fois. Refaites un shampooing et rincez de nouveau, très soigneusement.
L'opération ne doit pas dépasser dix minutes. Après le dernier rinçage, on peut mettre un lotion antiparasite, si le chien a attrapé des puces.
Après le bain, laissez le chien s'ébrouer un instant dans la baignoire, ce qu'il apprécie beaucoup. Séchez-le ensuite en le frottant énergiquement avec une serviette en tissu éponge réservée à cet usage.
La fréquence souhaitable est d'environ une fois par mois, sauf, bien sûr, s'il est anormalement sale.
A noter qu'il ne faut jamais baigner un chien qui a la teigne, car cela est le plus sûr moyen de propager la maladie.

La toilette

Si possible une fois par semaine, il convient de procéder à une inspection des oreilles, de la bouche, des ongles ainsi que des yeux.

Les yeux: les yeux doivent être nettoyés avec une gaze imprégnée d'Optrex ou plus simplement de camomille ou d'eau bouillie. Nettoyez le tour de l'œil avec précaution dans le sens du poil en allant de l'intérieur de l'œil vers l'extérieur. Si les larmoiements sont abondants, consultez un vétérinaire qui pourra prévenir une infection ou une obstruction des canaux lacrymaux.

Les oreilles: les oreilles du Caniche sont peu exposées. Néanmoins, la saleté parvient toujours à s'introduire, pouvant provoquer irritation et même infection. Une oreille saine ne doit jamais être humide, ni d'une coloration rouge.

Si elle est sale, nettoyez-la avec un coton enduit d'un désinfectant doux. Si le chien se gratte l'oreille, penche la tête d'un côté, si le conduit auditif porte du cérumen brun rougeâtre, conduisez l'animal chez le vétérinaire. Le chien souffre soit de gale auriculaire, soit de catarrhe ou d'eczéma, toutes maladies qu'il faut traiter avec des produits spécifiques.

Après avoir introduit un produit dans l'oreille, massez bien pour qu'il pénètre profondément.

Pour limiter les risques de problèmes auriculaires, il faut dégager régulièrement l'orifice de l'oreille des poils, qui sont souvent très touffus à cet endroit.

Les dents: les dents du chien sont solides, peu susceptibles d'être cariées, mais l'alimentation moderne surtout constituée de pâtées molles n'oblige pas l'animal à mastiquer. Du tartre se forme et s'accumule, s'insinue le long de la dent, contre la gencive et le chien souffre de gingivite. Le tartre favorise aussi le développement de diverses bactéries qui vont irriter la gencive.

La meilleure solution est de faire travailler les dents du chien en lui offrant régulièrement un bon os de veau à ronger ou encore des bouts de viande bien ferme qui l'obligent à mastiquer.

Les ongles: les Caniches citadins, qui n'ont qu'une activité physique limitée, voient souvent leurs ongles s'allonger faute d'usure, ce qui finit par les gêner dans leur marche.

Il faut donc les tailler régulièrement en prenant grand soin de ne pas entamer la partie charnue. Dans le doute, il est préférable de confier cette opération à un spécialiste.

Les signes d'alerte

Votre caniche prend du ventre, il a les articulations gonflées, il devient souffreteux: ce sont des signes de rachitisme ou d'ostéofibrose juvénile. Ces deux maladies osseuses présentent les mêmes symptômes. Consultez le vétérinaire et ne donnez pas de vitamine D. Si celle-ci soigne le rachitisme, elle est formellement contre-indiquée en cas d'ostéoporose.

Urgande Princesse de Saragosse âgée de 6 ans. Championne de France et internationale. Eleveur: Mme Gallon; propriétaire: élevage du "Piccolo Lord" de A. Vanzago

Bianca de Montesot. Naine blanche. Elevage de la Boire des Pinots

De gauche à droite. Dolli Silve (femelle naine blanche); Dolli Betty (femelle naine blanche): éleveur A. Scapin, propriétaire: élevage du "Piccolo Lord"; Ariane de Lamorlaye (femelle naine abricot); éleveur: Princesse de Broglie; propriétaire: élevage du "Piccolo Lord"

Il perd l'appétit: si un chien boit normalement, il peut vivre plusieurs jours sans manger. La perte de l'appétit peut avoir des causes psychologiques: absence du maître, inquiétude, jalousie, par exemple, ou être liée à une maladie. A ce moment-là, d'autres symptômes suivront; le chien est anormalement fatigué. Surveillez alors ses selles, ses urines, prenez sa température. Au-delà de 39°C, c'est signe de maladie.

Il souffre de diarrhées: cela peut provenir d'un problème alimentaire, parasitaire ou microbien, ou d'un dysfonctionnement de certaines glandes annexes du tube digestif. Si les symp-

tômes persistent ou si votre Caniche souffre de diarrhées chroniques, il faut consulter un vétérinaire. Un chien qui a la colique se déshydrate. Donnez-lui abondamment à boire.

Il vomit: des vomissements occasionnels de bile ou de suc gastrique n'ont rien d'inquiétant. Des vomissements qui se répètent doivent vous alerter, surtout s'ils sont teintés de sang. Mettez-le à la diète pendant vingt-quatre heures. Donnez-lui ensuite à manger. S'il vomit de nouveau, consultez le vétérinaire.
Si les vomissements s'accompagnent d'un ventre ballonné, dur et douloureux, il peut s'agir d'un pyomètre chez une femelle, d'une occlusion intestinale chez le mâle. En même temps il n'émet plus de selles.

Il bave: il peut s'agir d'une infection dentaire ou d'une angine. Votre Caniche souffre sans doute d'une inflammation du pharynx ou d'une angine.

Il maigrit: un amaigrissement peut être lié à une simple parasitose, mais aussi accompagner des maladies bien plus graves. N'attendez pas pour prendre rendez-vous.

Il tousse: il y a toux et toux. Une toux sonore révèle une trachéite sans gravité; une petite toux sèche est plus inquiétante, elle peut annoncer une pleurésie ou une pneumonie.

Soins et secours

Outre les maladies graves devant lesquelles vous n'aurez d'autre alternative que l'emmener chez le vétérinaire, il peut arriver mille incidents à votre Caniche, devant lesquels il est important que vous connaissiez les premiers gestes à faire.

Il n'est pas nécessaire d'alerter, en pleine nuit, tous les cabinets vétérinaires de votre région si votre Caniche a un simple rhume. Mais il n'est pas toujours facile pour un maître de déterminer la gravité ou non d'un état maladif.

Votre Caniche, au cours d'une balade, peut être victime de plaies. Qu'elles soient dues à un morceau de verre qui traînait ou aux dents agressives d'un de ses congénères, il faut agir vite suivant l'état des plaies.

En premier lieu, devant des blessures, il faut nettoyer. Retirez donc toute souillure, grains de sable, herbes, terre, etc. Lavez la plaie avec du sérum physiologique afin d'entraîner les impuretés. Désinfectez avec une solution antiseptique. Si vous disposez d'antibiotiques, n'hésitez pas à lui en administrer si vous estimez que les plaies sont importantes.

Toutes les lésions du thorax ou de l'abdomen devront vous conduire rapidement chez votre vétérinaire, après les avoir nettoyées au mieux, car il y a des risques de complications ultérieures. Si votre Caniche a été sérieusement mordu, employez de toute façon des antibiotiques. Car, même si elles se présentent de façon peu spectaculaire, ces plaies sont peu aérées et deviennent le terrain d'élection de l'infection et évoluent souvent en abcès.

Faites très attention si les plaies sont hémorragiques. Si un gros vaisseau est touché, le sang est rouge vif, il faut rapidement faire un garrot entre la plaie et le cœur avant de le transporter d'urgence chez le vétérinaire. S'il est victime d'une hémorragie veineuse, le garrot doit se trouver entre la plaie et l'extrémité du membre. Si vous ne savez pas le déterminer, faites un large bandage compressif tenu par une bande élastique afin de le transporter. Si vous voyez que votre Caniche commence à avoir des difficultés respiratoires, que son rythme cardiaque s'accélère et que ses muqueuses pâlissent, faites très vite car une hémorragie profonde peut être mortelle.

Piqûres d'insectes

Le venin des insectes provoque généralement des réactions assez semblables à celles des allergies: œdème, gonflement, rougeur de la zone atteinte. Toute piqûre doit être traitée avec une pommade à base d'antihistaminique qu'il est conseillé d'avoir toujours à disposition, surtout en été. Si la zone atteinte est dangereuse: le nez, la bouche ou le pharynx, il est préférable de consulter son vétérinaire, car il y a des risques d'étouffement.

Les corps étrangers

Votre Caniche peut être en proie à de vives douleurs pour des raisons qui, si elles sont banales, doivent être éliminées rapidement. Les épillets de graminées sont souvent à l'origine de gênes suivant l'endroit où ils sont accrochés. Ces épillets, par leur constitution, s'accrochent au poil mais aussi progressent dans le poil grâce aux barbules qui les composent. Leur extrémité qui est très acérée, est capable ensuite de traverser n'importe quelle partie de la surface cutanée. Il est donc indispensable de les extraire au plus vite.

Dans l'oreille, ces épillets provoquent une douleur très vive, car la pointe peut arriver au tympan. L'animal crie et secoue violemment la tête, ce qui fait progresser l'épillet. La douleur ainsi augmentée, le chien hésite de plus en plus à se secouer et reste prostré en penchant la tête du côté où il a mal. Regardez, en faisant très attention, si vous pouvez extraire l'épillet avec une pince à épiler. S'il est trop profondément enfoncé dans le conduit de l'oreille, n'y touchez pas et emmenez votre Caniche chez le vétérinaire afin qu'il procède à son extraction à l'aide d'un otoscope.

Un endroit où les épillets s'accrochent facilement est la zone interdigitée des pattes. Souvent, le maître ne s'en aperçoit pas tout de suite. Le chien se lèche cet endroit de plus en plus fréquemment. Souvent, l'épillet est à ce moment déjà très avancé, il a traversé la peau et peut continuer à avancer et remonter le long du membre. Si vous constatez qu'une poche de pus s'est ainsi formée, il faut l'ouvrir et rechercher l'épillet avec une pince fine. Si vous ne le localisez pas, une petite intervention chirurgicale sera alors nécessaire. La meilleure prévention est d'inspecter à chaque retour de promenade, surtout dans les champs et les prés, les zones entre les doigts de votre Caniche afin de lui éviter ce genre de désagrément.

Les poisons

Eh oui! Surtout lorsqu'il est encore jeune, votre Caniche peut avaler tout ce qui lui tombe sous la patte. Que ce soient des morceaux de bois, des cailloux, des épingles, des morceaux d'os, tout constitue un danger. En effet, ces corps étrangers peuvent se planter dans les voies digestives. En premier lieu, la bouche, le pharynx ou l'œsophage ainsi atteints peuvent conduire votre petit Caniche à refuser de manger et présenter des signes de douleur lors de la déglutition. Si l'objet du délit a passé sans encombre ces premières voies digestives, il peut se retrouver dans l'estomac puis dans les intestins.

La conduite à adopter à ce moment et lorsque l'on s'est aperçu de l'absorption du corps étranger, est de faire avaler au chien le maximum d'aliments fibreux du style poireaux ou asperges. Les fibres iront ainsi s'enrouler autour de l'objet et l'aideront à être évacué. Surtout lorsque votre Caniche est encore chiot, évitez de laisser traîner des objets qu'il pourrait avaler. Morceaux de balle, plastique, noyaux sont souvent trop volumineux pour être assimilés par son transit intestinal et risqueraient de conduire à une occlusion.

Un accident très fréquent chez les chiens, c'est l'absorption de poisons. Un garage ouvert, une boîte d'insecticide ou de désherbant, le chien qui pour jouer, le dévore et c'est le drame... Si cependant, cela vous arrive avec votre Caniche, sachez qu'il faut agir très vite. Ne foncez cependant pas chez le vétérinaire en oubliant l'emballage du produit ingéré.

La plupart du temps, d'ailleurs, l'antidote à employer est indiqué sur l'emballage. Avant de pouvoir consulter le vétérinaire, administrez des tranquillisants à votre animal, cela protègera son système nerveux et un tonicardiaque, si vous en avez, afin d'aider son cœur à supporter cet effort supplémentaire. Mais surtout, ne tardez pas et contactez le plus rapidement possible un service vétérinaire.

La trousse d'urgence

Où que vous alliez, il est sage et prudent d'emmener avec vous ce dont vous pourriez avoir besoin en cas d'incidents ou d'accidents qui surviendraient à votre Caniche. Cette trousse doit comporter des produits dont le vétérinaire vous aura expliqué l'usage et indiqué le dosage. Pour les plaies une pommade antibiotique, pour les chocs violents un tonicardiaque, pour les piqûres d'insectes un antihistaminique, pour les chocs violents un corticoïde à action rapide, un sérum antivenimeux, pour la désinfection des plaies un flacon d'eau oxygénée, une pince à épiler pour les épillets ou épines, un garrot pour les hémorragies, une bande de gaze en rouleau pour toute blessure, un paquet de coton hydrophile et un sparadrap très adhésif d'environ 10 cm de largeur.

Afin de ne jamais oublier cette "boîte à pharmacie pour chiens", laissez-la en permanence dans votre voiture avec son carnet de santé. Prévoir vaut mieux que paniquer lors de l'accident!

En cas de malheur

En cas de morsure

Désinfectez tout de suite la plaie. Appliquez un antiseptique et allez voir un vétérinaire, car il y a risque d'infection. En cas de morsure par un autre chien, essayez de retrouver le maître de l'animal. Un chien, même vacciné contre la rage, doit obligatoirement être mis en observation chez un vétérinaire le jour de l'incident, les 7e et 15e jours suivant la morsure. Dans les régions de France contaminées, la vaccination antirabique est obligatoire annuellement.

En cas de choc

En ville, s'il n'est pas tenu en laisse, votre Caniche risque de se faire renverser par une voiture, ou de se faire mordre par un congénère. Si l'animal souffre d'une blessure superficielle, sans hémorragie, nettoyez bien la région atteinte avec du savon doux et de l'eau pour enlever les saletés, puis désinfectez.

Mettez une pommade antibiotique et un pansement, qu'il faut changer tous les jours. Contrairement aux idées reçues, il n'est pas bon qu'un chien lèche ses blessures: il les creuse et il y a risque d'infection, d'où la nécessité du pansement.
Quand la blessure est profonde, il faut emmener l'animal chez le vétérinaire qui lui fera un ou deux points de suture.

En cas d'hémorragie

Si la blessure provoque une hémorragie, il faut tenter de la stopper au plus vite en appliquant une compresse au niveau du point de saignement.
Si c'est un membre qui est atteint, faire un garrot en amont de la blessure, qui devra être desserré au moins toutes les vingt minutes, car celui-ci ne doit pas être trop serré ni laissé trop longtemps.
Si l'hémorragie provient d'une artère, le sang est bien rouge et s'écoule par saccades. Le garrot sera placé un peu au-dessus de la blessure, entre celle-ci et le cœur. Si le sang est bleu foncé et s'étale, il provient d'une veine. Le garrot doit être placé sous la plaie, vers l'extrémité de la patte.

En cas de blessures

Blessure au ventre: si la blessure laisse apparaître les organes internes, passez-lui une bande autour du ventre et transportez-le d'urgence chez le vétérinaire.

Blessure de la cage thoracique: s'il s'agit d'une plaie profonde ou encore de côtes brisées, gardez-lui la tête surélevée, couchez-le sur le côté atteint et transportez-le au plus tôt chez le vétérinaire.

En cas d'arrêt respiratoire

Enlevez-lui son collier, laissez pendre la langue sur le côté de la bouche. Posez vos deux mains bien à plat entre les omoplates et les côtes. Pressez fortement toutes les 5 secondes et relâchez brusquement. Continuez jusqu'à ce que la respiration reprenne toute seule.
Il est aussi possible de pratiquer le "bouche-à-nez". D'une main, fermez bien la gueule du Caniche, expirez de l'air dans ses narines pour faire gonfler ses poumons pendant 3 secondes, arrêtez 2 secondes pour l'expiration et recommencez autant de fois qu'il le faut.
En cas d'arrêt cardiaque, donner deux ou trois pressions énergiques sur les côtes du milieu, en arrière de l'épaule, mais prenez garde de ne pas blesser grièvement le Caniche en appuyant trop fort.

En cas d'état de choc

Un accident, une brûlure peuvent mettre un chien en état de choc. Les extrémités de l'animal se refroidissent, le pouls devient rapide et faible, le rythme respiratoire augmente, la pupille se dilate, le chien peut tomber dans le coma. Il faut le conduire d'urgence chez le vétérinaire après avoir tenté de remédier aux conséquences les plus urgentes.

En cas de fracture

Evitez le plus possible de bouger le membre brisé. Il est possible de fabriquer une attelle à l'aide de deux planchettes de la longueur de la patte. Mettez un linge autour du membre blessé, placez les deux attelles de chaque côté et maintenez-les avec de la ficelle ou une bande.
Quand un chien s'est fracturé le bassin, il ne peut pas se relever. Une fracture de la colonne vertébrale entraîne une paralysie des parties du corps postérieures à la lésion. Un chien qui souffre d'une fracture du crâne tombe souvent dans le coma. Quand il s'est fracturé la mâchoire, il reste la gueule ouverte.
Dans le cas de fracture du bassin ou de la colonne vertébrale, le chien doit bouger le moins possible. Improvisez un brancard et transportez-le le plus vite possible chez le vétérinaire. Une fracture de la colonne vertébrale doit être traitée dans les 6 heures.

En cas de brûlure

Les brûlures du premier degré, les moins graves, donnent une lésion de la peau accompagnée de rougeur, parfois de cloques. Une fois la brûlure guérie, les poils repoussent normalement et il n'y a pas de cicatrice. Une brûlure du deuxième degré détruit l'épiderme. Au troisième degré, le derme et le tissu conjonctif sont atteints. Plus les brûlures sont étendues, plus elles sont graves, car l'organisme s'intoxique.

Silby. Nain blanc ayant reçu plusieurs prix lors d'expositions. Eleveur et propriétaire: S. Suppa

Maladies

Malheureusement, dans la vie de votre petit Caniche, il arrivera probablement quelques problèmes plus ou moins graves. En tout état de cause, il vous faudra le surveiller attentivement afin de pouvoir déceler les premiers symptômes de quelque affection ou maladie. La première règle est de l'emmener régulièrement chez le vétérinaire afin qu'il puisse contrôler son état de santé. Prévenir vaut toujours mieux que guérir!
La première visite à laquelle vous devrez soumettre votre chiot sera consacrée à la vaccination. L'éleveur a déjà vacciné votre chiot par une première injection contre la maladie de Carré, l'hépatite, la leptospirose et la parvovirose. La deuxième injection sera donc faite par votre vétérinaire. Ne l'oubliez surtout pas, la vie de votre Caniche en dépend, car ce sont des maladies très graves pour un jeune chien.

Maladie de Carré

Appelée également maladie du jeune âge, la maladie de Carré atteint tous les chiens jusqu'à deux ans. Maladie d'origine virale, elle est le plus souvent mortelle mais n'est pas transmissible à l'homme.
Les symptômes premiers se traduisent par de la toux, un écoulement purulent au niveau des yeux et des narines, et des diarrhées fréquentes. Le chien n'a pas d'appétit et est très abattu. Le blanc de ses yeux semble enflammé et sa température s'élève à 40°C. Après trois jours de ces symptômes, de petits boutons ou pustules apparaissent sur son ventre, et le chiot peut être pris de vomissements, de crises épileptiques, de convulsions et de paralysies.
Il est bien évident que dès les premiers symptômes pouvant induire cette maladie, il faut se précipiter chez le vétérinaire sans attendre. Pour éviter cela, pensez donc à faire vacciner votre chiot et n'oubliez pas non plus le rappel annuel, car l'oubli à l'âge adulte se traduit par une maladie du vieil âge.
La maladie de Carré est assez difficile à soigner. Il est cependant possible d'injecter du sérum, de donner des antibiotiques et de la vitamine C. Il existe aussi des traitements possibles à base de cortisone. De tous les remèdes cependant, il est évident que le meilleur est la prévention par la vaccination.

Hépatite contagieuse (ou maladie de Rubarth)

Due à un virus assez voisin de celui de la maladie de Carré, l'hépatite contagieuse peut atteindre le chien à tout âge, mais les chiots de moins d'un an sont cependant plus menacés. Le chien atteint de cette maladie perd l'appétit, maigrit brutalement, se déshydrate, et devient d'une extrême faiblesse. La cornée de l'œil s'enflamme et prend une teinte bleutée caractéristique. Des troubles digestifs viennent noircir le tableau.
Dès les premiers signes de la maladie, il faut consulter rapidement votre vétérinaire, car les premières 48 heures sont le moment crucial de la maladie. Si le chiot en réchappe, il est sauvé. Encore une fois la vaccination évite le pire.

Leptospirose

Appelée aussi typhus du chien, la leptospirose est transmise par les déjections de rats ou en léchant les urines d'un chien porteur. Cette maladie très grave peut emporter un chiot en l'espace de six heures. Le chien présente une forte fièvre et devient complètement apathique et prostré. Il est pris soudainement de vomissements mousseux et jaunâtres et de diarrhées liquides, jaunâtres au début, puis rougeâtres, et ensuite complètement sanglantes. Le chien semble se vider totalement par la bouche et par les selles.
Il est donc urgent que lui soient administrées une injection d'antibiotiques et d'antihémorragiques et des perfusions réhydratantes. Dès que vous constaterez les premiers symptômes de la maladie, il est nécessaire de faire absorber au chien beaucoup d'eau, ce qui peut ralentir le développement du mal en attendant les soins apportés par le vétérinaire.

Parvovirose

Maladie virale, la parvovirose atteint les chiens de tous âges. Le chien ne mange plus et présente des signes de déshydratation. Il est pris de vomissements et de diarrhées qui deviennent rapidement hémorragiques. S'il entre dans le coma, il peut mourir très rapidement. La seule bonne solution est de vacciner le chiot de cinq à huit semaines avec un rappel un mois après.

Rage

Maladie qui fait très peur, la rage n'est pas à redouter si votre chien est vacciné ce qui est prudent si vous vivez à la campagne et de plus dans un département contaminé.
La rage est due à un virus dont l'incubation est très lente, de trois à huit semaines. On en distingue deux types: la rage furieuse et la rage muette.
La rage furieuse est la plus impressionnante. Le chien, complètement excité, tend à mordre tout le monde,

même les objets. Il aboie avec un cri très particulier, il bave et refuse de boire. La rage muette se caractérise par une apathie totale. Le chien est prostré et paralysé de la mâchoire. Il ne peut plus aboyer. Indifférent à tout ce qui l'entoure, il urine de manière incontrôlée et bave de façon importante. Lorsqu'il souffre de paralysie, la mort survient rapidement.
Il n'y a que peu de solutions devant un chien atteint de la rage. En effet, la prévention par la vaccination semble être la seule solution.
Devant toutes ces maladies infectieuses qui peuvent provoquer la mort de notre petit compagnon, il faut être prévoyant. Il n'est pas difficile de bien penser à la vaccination et aux rappels de celle-ci. La vie de notre chien en dépend et cela lui évitera de douloureux symptômes. Une bonne prévention par une bonne vaccination pour sa santé!

Vers-Vermifugation

Vers

Tous les propriétaires de chiens le savent: les chiens ont parfois des vers, et il faut donc les traiter. Peu de maîtres savent cependant la nature exacte des vers à traiter, et pourtant cela est important. Les vers du chien peuvent être divisés en deux groupes: les vers ronds et les vers plats. Les vers plats, longs et en forme de rubans sont souvent appelés ténias. Les vers ronds comprennent plusieurs espèces, de longueur variable, mais la section de leur corps est toujours ronde.

Il n'existe pas un seul ténia mais plusieurs: ils mesurent de quelques dizaines de centimètres à plusieurs mètres et vivent fixés à la muqueuse de l'intestin grêle du chien. Ils se nourrissent du contenu du tube digestif et, contrairement à ce que l'on peut croire, n'ont pas une action très néfaste. En effet, il faudrait qu'ils soient vraiment très nombreux pour avoir des répercussions sur l'état de santé du chien. On peut même affirmer que si un chien habité par un ténia maigrit, il faut en rechercher la cause dans un autre facteur.

En revanche, les problèmes inhérents à la présence de ténias sont des phénomènes d'irritation anale et périnéale. En effet, ce ver est formé de nombreux anneaux qui se détachent les uns après les autres et sont expulsés avec les selles. Ils peuvent aussi sortir d'eux-mêmes entre les selles, provoquant alors des démangeaisons.

Ascaris

Les ascaris du chien mesurent une dizaine de centimètres, sont ronds, de couleur rosée et légèrement affilés à leur extrémité. On s'aperçoit de leur présence parfois dans les selles mais plus souvent dans les vomissements des chiots. En effet, 90% des chiots sont infestés par les ascaris. Chez les adultes, la présence de ces parasites passent le plus souvent inaperçue. En revanche, les chiots parasités présentent des troubles digestifs, diarrhées, vomissements, car les vers qui se promènent irritent leur estomac. Les chiots vomissent parfois de véritables pelotes de vers, ce qui vaut mieux car, s'ils ne sont pas évacués de cette façon, ils peuvent provoquer des occlusions intestinales. Parfois, les larves migrent vers les poumons et provoquent des pneumonies. Lorsque les chiots sont très contaminés, leur croissance est moins rapide, ils sont maigres, efflanqués et mangent mal. D'où l'utilité d'une vermifugation systématique du chiot pour éviter ce genre de troubles.

Ankylostomes

Moins connus que les ascaris, les ankylostomes n'en sont pourtant pas moins dangereux. De petite taille, 1 cm environ, ils se fixent à la muqueuse de l'intestin et s'en nourrissent, ponctionnant du sang au chien. Adulte, le chien présente peu de symptômes, si ce n'est un amaigrissement progressif accompagné de diarrhées contenant du sang digéré ou non (noir ou rouge).

Trichuris Vulpis

Vers de petite taille, les *Trichuris Vulpis* vivent dans le gros intestin où ils se nourrissent de tissus et de sang. Le chien contaminé élimine des œufs embryonnés dans le milieu extérieur, qui peuvent vivre plusieurs mois. Cela explique pourquoi un chien vermifugé correctement peut être infesté de nouveau. Il faut donc, lors de la vermifugation, procéder à un nettoyage minutieux de l'environnement et à la destruction des selles.

Vermifuges

Vu les symptômes occasionnés par la présence de vers chez le chien, il est indispensable de procéder à sa vermifugation. Les produits vermifuges sérieux sont nombreux sur le marché vétérinaire. Il en existe sous toutes les formes, en comprimés, en sirop, en solution injectable et dernièrement en pâte à avaler. Il faudra bien sûr choisir le plus inoffensif. Il est, en effet, tout à fait possible de vermifuger son chien sans effets secondaires désagréables. Certains ne sont que nématocides, c'est-à-dire actifs contre les ascaris. D'autres sont cestocides, c'est-à-dire contre les vers plats. D'autres enfin sont polyvalents. Le rythme d'administration des vermifuges varie selon les conditions de vie des chiens et les vermifuges utilisés.
D'une manière générale, on vermifuge le chiot tous les mois et l'adulte une ou deux fois par an. En tout état de cause, pour procéder à la vermifugation de votre chiot Caniche et pour savoir quel est le produit qui lui est le mieux adapté, il est préférable que vous consultiez votre vétérinaire.

Maladies et parasites externes

Bien sûr, ils ne mettent pas en péril la vie de votre Caniche. Cependant, il vous faut absolument les combattre. Tout d'abord parce qu'ils gênent votre compagnon, ils agissent sur son humeur et ils peuvent parfois provoquer des complications. Une hygiène parfaite et une surveillance attentionnée éviteront ce genre de risque à votre Caniche.

Eczémas

Les eczémas sont souvent des manifestations externes de désordres internes dus à une mauvaise alimentation. Ils se manifestent toujours par des démangeaisons et existent sous deux formes: l'eczéma humide et l'eczéma sec.
Lorsqu'il est sec, apparaissent sur le chien des plaques rouges, des durcissements de la peau et des croûtes. L'eczéma humide, quant à lui, se caractérise par des plaies purulentes et très rapidement l'on constate une chute des poils à ces endroits.
Pour traiter cette affection, il est conseillé un régime alimentaire équilibré, sans apport de graisses animales trop important, une vie au grand air, une hygiène du pelage rigoureuse et l'utilisation de matériaux naturels pour le sommeil du chien. A ces règles, sera ajouté un traitement par pommades à base de cortisone, afin d'atténuer les démangeaisons et de favoriser la cicatrisation. Si l'eczéma est d'origine allergique, on ajoutera à l'alimentation du chien des vitamines A, B, et H.

Puces

Très fréquentes chez le chien, les puces sont de très petits insectes qui s'installent sous la peau et sucent leur sang. Lorsqu'il en est envahi, le chien se gratte vigoureusement et se mord comme pour extraire le parasite. Il existe beaucoup de produits pour combattre efficacement ces parasites: insecticides en aérosol, shampooings antipuces et colliers antipuces.
Si votre Caniche a attrapé des puces, hormis le traitement approprié, n'oubliez pas de désinfester son tapis ou son panier sinon vous risqueriez de le voir de nouveau se gratter furieusement peu de temps après. Si vous préférez pour votre Caniche le port du collier antipuces qui est souvent aussi antitiques, surveillez bien qu'il n'y ait aucune allergie. Votre vétérinaire vous conseillera.

Le Caniche dans notre société

Le Caniche dans la ville

Le Caniche est particulièrement bien adapté à la vie citadine. Sa taille, notamment en ce qui concerne le Caniche nain et le toy, en fait un compagnon d'appartement idéal pourvu que, bien entendu, son maître veille à lui ménager quelques heures hebdomadaires réservées aux jeux de plein air et à une détente en forme de promenades nécessaires à sa bonne santé physique et à son équilibre psychique.
Mais, il ne faut pas perdre de vue que la présence d'un compagnon tel que le Caniche, pour agréable qu'il soit, peut poser un certain nombre de problèmes "techniques".
Pour mieux vivre ensemble la société contemporaine, il conviendra donc de prendre certaines mesures et consentir quelques efforts afin que votre animal trouve sa place dans notre cité comme dans nos familles et dans nos cœurs, et qu'il s'insère harmonieusement dans l'espace urbain.

Il conviendra tout d'abord de ne pas gêner le voisinage qui aspire à une certaine tranquillité. Les aboiements intempestifs devront donc être combattus, notamment à certaines heures, mais d'une façon générale. Les démonstrations excessives d'affection devront également être tempérées lors de rencontres fortuites avec d'autres habitants dans les parties communes, et notamment en présence d'enfants qui peuvent prendre peur ou tomber en voulant s'écarter du chien.
Nous savons que le Caniche est un animal sans agressivité mais, en revanche, très vif et très enjoué, parfois même un peu farceur et, qu'en tout état de cause, la mauvaise interprétation de l'attitude d'un étranger peut entraîner une réaction de défense susceptible d'occasionner quelques incidents. En principe, un chien bien équilibré, habitué à une présence humaine très marquée en ville et à un bruit quasi constant, ne s'émeuvra guère en de telles circonstances, et une éducation ferme mais compréhensive devrait modérer les ardeurs aussi bien que les craintes.
Il faut également savoir que la circulation de votre Caniche en milieu citadin doit impérativement s'effectuer en respectant un certain nombre de rè-

gles édictées par différentes administrations, mais souvent aussi par le simple bon sens. Arrêtés préfectoraux, décrets ministériels ou arrêtés municipaux ainsi que tous autres textes réglementaires relatifs à la circulation des chiens devront donc être scrupuleusement respectés. En effet, ces règles, pour contraignantes qu'elles puissent parfois paraître, n'ont pour seul objet que d'établir une cohabitation harmonieuse entre les différents acteurs de la vie urbaine dans le strict respect de la liberté et des intérêts de chacun.

En revanche, de nombreuses villes ont étudié les moyens de faciliter l'existence de nos amis canidés en mettant à leur disposition des espaces réservés tant pour leurs ébats que pour des besoins tout aussi naturels, mais dont la satisfaction pose souvent en ville d'irréductibles problèmes. Grenoble est notamment citée en exemple en matière d'intégration réussie de l'animal dans la ville.

D'une manière générale, les chiens doivent être tenus en laisse sur la voie publique, sauf lorsqu'ils se trouvent à l'intérieur des espaces ludiques ou sanitaires qui leur sont réservés, là où ces équipements sont prévus. Dans les jardins publics, il en est de même, et en dehors des zones spécifiques où ils peuvent être laissés en liberté, ils doivent être tenus en laisse dans les allées et totalement interdits sur les pelouses, sauf dispositions contraires. Il ne s'agit là, bien entendu, que d'un cadre général et il convient dans tous les cas de s'en tenir à l'entrée du lieu où un rappel de réglementation est généralement affiché.

Il faut savoir que certains services publics n'acceptent pas la présence de chiens dans leurs locaux ou préconisent de les attacher à l'extérieur, règle généralisée dans la quasi-totalité des magasins d'alimentation.

Il convient donc de prendre connaissance, avec beaucoup d'attention, de tous règlements particuliers pris localement, ce qui est important en particulier lors de vos déplacements. En effet, ce qui est valable dans votre ville d'habitation ne l'est pas forcément dans telle ou telle autre, qui peut se montrer plus libérale ou au contraire plus contraignante. Sachez que dans certains cas des amendes très élevées peuvent vous sanctionner, ou que votre Caniche peut se retrouver en fourrière avec tous les risques que cela comporte pour vous comme pour lui.

Pour faire de notre Caniche un animal heureux dans la ville il faut donc, dans le but d'une harmonieuse cohabitation, tenir compte d'un certain nombre de conseils concernant la conduite à tenir lors d'une promenade dans les rues de votre cité. Le propriétaire devra en particulier s'abstenir de laisser son chien importuner les passants, pénétrer sur les pelouses, les parterres, les massifs, les terrains de jeux, se baigner dans les bassins ou les fontaines, poursuivre d'autres animaux. En ce qui concerne les besoins naturels que nos compagnons sont amenés à satisfaire, il faudra veiller à empêcher ceux-ci de souiller les trot-

toirs, le mobilier urbain, les jardinières et les façades d'immeubles.
Autant que faire se peut, les animaux devront être conduits dans les caniveaux. Dans les voies non équipées de caniveaux, les propriétaires de chiens doivent nécessairement éviter de laisser souiller la chaussée et doivent le cas échéant procéder sans retard au nettoyage des souillures.
Il faut également savoir qu'il est défendu d'élever et d'entretenir dans les habitations des chiens dont le nombre, le comportement ou l'état de san-

té pourraient porter atteinte à la sécurité, la tranquillité ou la salubrité des habitations ou de leur voisinage, ce qui en tout état de cause n'est certainement pas le cas de nos lecteurs qui sont des maîtres avertis, et soucieux du bien-être de leur compagnon.
Enfin, certains textes prévoient l'interdiction d'exciter les chiens les uns contre les autres, de les faire aboyer, de les lancer contre les passants, contre les véhicules ou contre d'autres animaux. Ce que le simple bon sens devrait suffire à instituer sans que de semblables recommandations aient même besoin d'exister.
Il faut prendre conscience également que la propreté de votre Caniche est importante puisque la plupart des conflits entre propriétaires de chiens en ville et leurs détracteurs trouve son origine dans la présence sur la voie publique de déjections canines. Savez-vous que 80% des habitants des villes considèrent la pollution canine comme la première nuisance en milieu urbain. Parmi ceux-là, sans doute nombreux sont ceux qui possèdent un chien et qui trouvent inacceptable le laxisme de certains autres propriétaires.
En effet, même s'il est impossible d'éviter totalement une pollution accidentelle, certaines mesures permettent d'obtenir des résultats très significatifs, donnant satisfaction à tout le monde et notamment au Caniche qui est un chien particulièrement propre et qui ne demandera qu'à répondre à votre souhait de propreté. Mais pour cela, encore faut-il bien connaître ce qui détermine le comportement de votre chien en matière de propreté, ce que nous tenterons de définir à partir d'une étude de G. Queinnel.
Votre Caniche appartient, comme nous l'avons vu, à une race caractérisée par des signes dominants, non seulement dans l'apparence, mais aussi dans le caractère et votre choix a certainement tenu compte de ces différents facteurs. Mais il ne faut pas perdre de vue que votre éducation peut modifier son caractère.
Les études scientifiques les plus récentes montrent qu'il existe cinq types de caractères génétiquement déterminés: indépendant, bagarreur ou rebelle, soumis, calme, craintif. Et n'allez pas jusqu'à faire passer à votre Caniche les tests qui vous permettraient de connaître son type de caractère! Vous devez seulement savoir que ce caractère se modifie par la “socialisation” de l'animal, la façon dont il va établir ses relations avec ce qui l'entoure, c'est-à-dire les autres chiens et l'espèce humaine (votre famille et les autres humains). Selon que son caractère est celui d'un calme ou d'un craintif, l'éducation sera plus ou moins facile mais à quelques rares exceptions, elle est toujours possible.
C'est facile de rendre un chien heureux. Un chien est un être simple, différent de vous, trop de maîtres l'oublient en voulant chercher en lui des émotions et des sentiments qui n'appartiennent qu'aux hommes. Le chien éprouve surtout quelques plaisirs qui

sont à la base de tous ses comportements. Le plaisir d'être près de son maître est étroitement lié au besoin de sécurité et d'affection qui est un besoin prioritaire et absolu du chien. Seul un bon maître et surtout un vrai maître peut répondre à cette attente.
Vous avez choisi votre Caniche, vous avez décidé d'être son maître. Il est un extraordinaire compagnon, vous pensez sans doute comme beaucoup de propriétaires de chiens qu'il est votre meilleur ami mais, dans son intérêt même, ne le traitez pas comme une personne humaine. En effet, en oubliant qu'il est un animal et en niant ses différences, vous commettriez des erreurs graves dont il serait la première victime.

Conseils et recommandations

Sa sécurité d'abord. C'est ce qu'il attend principalement de vous. Respectez impérativement ce besoin prioritaire de votre chien et tirez-en toutes les conséquences. Ne faites pas la confusion très répandue entre votre philosophie humaine de la vie et les valeurs qui s'y rattachent avec votre règle de conduite vis-à-vis de votre chien. Par exemple, la liberté n'est pas une "valeur canine" comparable à la liberté de l'homme. Pour le chien, la liberté c'est l'insécurité, sauf lorsqu'elle est partagée avec son maître dans le cadre d'une promenade dans la nature ou dans un vaste espace de jeux.

Lorsque le maître n'est pas capable de sécuriser son chien, celui-ci se comporte comme si son maître était son propre chiot et manifeste généralement des troubles de comportement pouvant devenir graves (chien méchant).

Faites vous obéir. Votre chien est sécurisé par l'autorité que vous avez sur lui. Vous devez lui apprendre à vous obéir avec joie sur quelques ordres simples: "assis, couché, debout, aux pieds", etc. Pour vos commandements, utilisez un nom d'obéissance, le nom du chien s'il est simple à prononcer. Réservez les diminutifs aux jeux ou aux autres moments de communication.

Les coups ne servent à rien. Vous ne faites pas de dressage en force, vous faites de l'éducation. Le chien n'a pas le même système mental que l'homme. Son besoin de capter l'attention de son maître est tel que la douleur des coups reçus pour une bêtise n'est pas un frein au renouvellement de cette bêtise.

Comment parler à votre Caniche? "Il ne lui manque que la parole, il comprend tout." C'est faux, il ne comprend pas votre langage en dehors d'un nombre limité de mots; en revanche, il est capable d'interpréter ce que vous exprimez à la fois par vos paroles, le ton de votre voix, vos gestes, l'expression de votre visage, votre posture.

Pour vous faire obéir, des commandements clairs et précis. Si vous avez appris les ordres de base “couché, debout, assis, aux pieds...”, ne changez pas de vocabulaire et surtout n’utilisez pas des mots à consonance trop proche de “viens ici” et “assis”. Les commandements d’obéissance peuvent être renforcés par des gestes, mais les commentaires annexes sont non seulement inutiles mais aussi perturbateurs pour la compréhension (jurons, insultes, etc.).

Sachez convaincre en félicitant avec exubérance. C’est en récompensant un chien pour son bon comportement plutôt qu’en le grondant pour ses bêtises que l’on obtient les meilleurs résultats. Pour féliciter votre Caniche, n’hésitez pas à lui montrer bruyamment votre satisfaction (caresses, bravos, compliments).

S’il faut vraiment punir. La plus grande punition pour votre chien c’est l’indifférence. Faites-lui donc le reproche avec une attitude de nette réprobation puis désintéressez-vous de lui pendant un moment.

Il aime sa laisse. Parmi les idées fausses les plus répandues, il en est une particulièrement dangereuse pour les chiens des villes, car elle est la cause de multiples pertes, incidents et accidents dont les premières victimes sont les chiens eux-mêmes. Les chiens seraient “plus heureux en liberté”, c’est-à-dire sans laisse. C’est faux.

La laisse sécurise votre chien. Toute considération réglementaire mise à part, la laisse est pour le chien, non pas une entrave à sa liberté, mais un lien de sécurité qui le relie à son maître. Détaché sur un trottoir, votre chien court des risques certains (peur subite le faisant fuir, ou traverser en risquant de se faire écraser ou de provoquer un accident). Il est d’ailleurs démontré que le chien dans ce cas-là éprouve un sentiment d’insécurité qui peut se traduire par des comportements anormaux et imprévisibles.

La laisse doit être associée à la joie de la promenade. Pour le bon équilibre de votre chien apprenez-lui à bien distinguer les différents types de promenades qu’il partage avec vous, la laisse étant pour lui le signe d’une promenade, donc d’un plaisir.

Ses besoins sans sortir. On parle de WC d’appartement pour chiens, mais sans aller jusque-là, on peut éduquer le chien à faire ses besoins comme un chat dans un endroit réservé à cet effet. La méthode proposée est facile à appliquer avec un chiot de deux mois, elle est beaucoup plus aléatoire avec un chien adulte.

L’importance du premier accueil. Lorsque vous entrez pour la première fois chez vous avec le jeune chien, emmenez-le directement à l’endroit de son repos. Prévoyez à l’avance une panière ou une simple caisse en carton renversée (le chien adore avoir un

toit). Pour sa litière, vous lui placez une vieille couverture, ou même de simples journaux.
Laissez le chien en paix. Evitez notamment, pendant la première journée de son entrée dans le foyer, d'inviter des étrangers à la famille (voisins, camarades, enfants, etc.).
Un quart d'heure environ après son installation, le chien est remis de ses émotions, il se lèche et commence à sentir autour de lui. Comme après toute émotion, votre chiot a envie de faire ses besoins. Emmenez-le alors jusqu'à l'endroit que vous avez prévu pour ses déjections (caisse avec sable, bac à douche par exemple). S'il fait à cet endroit, félicitez-le vivement. S'il fait ailleurs, et même si cela vous contrarie beaucoup (moquette, tapis, etc.), ne manifestez surtout pas votre mécontentement. Faites comme si vous n'aviez rien vu puis transportez-le à l'endroit prévu et nettoyez les dégâts hors de sa présence.

Agissez avec patience et récompensez-le. Dans les jours qui suivent, continuez le même traitement, sans jamais gronder ou punir, mais toujours en félicitant et en récompensant le bon comportement.

Surveillez son alimentation. On ose rarement aborder franchement l'un des problèmes majeurs de la pollution canine, celui de la consistance des matières fécales déposées par les chiens. Lorsque les crottes sont bien formées, elles sont faciles à éliminer; lorsque, au contraire, elles sont molles et collantes, elles posent des difficultés de nettoiement.

Consultez votre vétérinaire. Il vous donnera des conseils utiles pour le choix d'un aliment qui corresponde à son poids, sa santé, et votre chien retrouvera facilement son équilibre digestif. Si vous souhaitez conserver une nourriture traditionnelle, votre vétérinaire vous dira aussi quel régime est le mieux adapté à votre chien.

Un bon truc... et il aime ça. Donnez-lui un gros os par semaine, veau ou bœuf de préférence.

Le bon moment. Votre Caniche aime se promener et, à l'écouter, il faudrait toujours sortir. Vous vous demandez parfois quelle sortie il va choisir pour faire, comme on dit, ses "gros besoins", et comme d'habitude cela tombe mal... juste au moment où vous êtes pressé en allant faire vos courses dans le quartier!

Entre 15 et 30 minutes après le repas: des observations scientifiques, faites sur des milliers de chiens, ont montré que cet animal fait ses besoins après une émotion et, en général, plutôt une émotion positive, un plaisir.
Le repas est une émotion forte pour votre chien. En le sortant 15 à 30 minutes plus tard, vous pouvez être pratiquement sûr que ce sera "le bon moment". Essayez et notez vos observations pour arriver à déterminer avec

plus de précision le “bon moment” de votre compagnon.

Promenade hygiène, promenade plaisir. La promenade est toujours pour votre chien un plaisir, un plaisir qu’il partage avec vous dans votre ville. Comme vous, d’autres promeneurs avec ou sans chien partagent le même plaisir. Votre Caniche aussi aime les trottoirs propres. Si vous le voulez, vous pouvez l’aider à être le mieux élevé des chiens propres.
Lorsqu’il a fait ce qu’il avait à faire, prolongez votre promenade afin qu’il n’y ait pas association entre le dépôt de sa crotte et le retour à la maison, sous peine de voir la promenade hygiène se prolonger chaque jour.

Bravo pour le caniveau! Votre chien peut prendre très vite l’habitude de faire dans le caniveau, cela demande seulement quelques séances d’apprentissage et un peu de vigilance de votre part.

Dès qu’il se prépare. Il sent... il tourne... cela va arriver. Attirez-le sans violence vers le caniveau; s’il est petit, portez-le. Si vous ne réussissez pas la première fois, ne le grondez pas et essayez d’être plus rapide la fois suivante.

Dès la première réussite, félicitez-le chaleureusement et donnez-lui la petite récompense que vous avez pris soin d’emporter avec vous. Joignez le geste à la parole et faites-lui la caresse sous le cou, la caresse sur la tête étant plutôt une caresse de domination.

Les erreurs à ne pas commettre

La fixation des fautes. C’est l’erreur la plus courante et la plus grave. Vous risquez de fixer une faute de comportement de votre chien, c’est-à-dire de provoquer son renouvellement plus ou moins systématique lorsque vous adoptez une attitude qui le conforte dans sa faute.
Qu’est-ce qui le conforte le plus dans sa faute? L’intérêt que vous semblez éprouver pour cette faute. N’oubliez jamais que votre chien cherche toujours à attirer votre attention. Evitez de gronder et surtout de corriger le chien lorsqu’il fait une bêtise ou de vous intéresser particulièrement à lui à cette occasion. En revanche, n’oubliez jamais de le féliciter lorsqu’il ne renouvelle pas la bêtise.

Crier et gesticuler pour se faire obéir. C’est en général le signe d’un échec de la première éducation, faute d’avoir établi une bonne relation maître/chien dès le départ. Sauf si c’est dans le cadre d’un jeu, en criant ou en gesticulant vous créez un sentiment d’insécurité chez votre chien qui peut provoquer des troubles de comportement dont les conséquences peuvent être graves.
Le chien peut devenir agressif, sans compter les incidences nerveuses que cela peut avoir sur la santé du maître.

Les transports en commun

En ce qui concerne les moyens de transport en commun urbains, aucune réglementation à l'échelle nationale n'existe. Dans chaque ville, chaque compagnie a son propre règlement, qui accepte, interdit ou tolère simplement votre Caniche à titre gracieux ou payant. Pour la région parisienne, la *RATP* gère deux moyens de transport en commun, l'autobus et le métro. La réglementation diffère pour l'un et l'autre.

Dans les autobus

Les chiens sont acceptés sur toutes les lignes à condition qu'ils soient maintenus dans un sac, une cage ou un panier. En ce cas, ils voyageront gratuitement. Il n'existe donc aucune discrimination de races, mais simplement une condition de taille. Evidemment, il ne faut pas compter, sous prétexte de se plier à la réglementation en vigueur, prétendre emmener avec soi son Caniche royal dans un immense sac. Outre le fait que ledit sac serait totalement intransportable, il y a de fortes chances que les agents de la RATP n'apprécient guère le subterfuge et vous invitent gentiment à descendre au prochain arrêt.

Dans le métro

Les chiens de petite taille sont aussi tolérés, s'ils sont transportés dans un sac ou un panier clos.
En théorie, ledit panier devra être placé sur les genoux de son propriétaire ou, si possible, à terre, sous le siège, cela afin de ne pas gêner les autres voyageurs.
Si vous vous soumettez à ces obligations, votre compagnon voyagera à titre gracieux.
La réglementation du *RER* est, elle, plus souple. Elle autorise les chiens de toutes tailles, qu'ils soient en laisse ou dans un bagage, et cela gratuitement. Cependant, le chien de grande taille comme votre Caniche royal, devra voyager, de préférence, durant les heures creuses, c'est-à-dire de 9 heures à 17 heures, et obligatoirement sur la plate-forme située immédiatement derrière la cabine du mécanicien. Cette plate-forme, dégagée, et bien sûr couverte, comprend quelques strapontins qui vous permettent d'accompagner votre chien, tout en pouvant vous asseoir. Si vous estimez que votre Caniche est un tant soit peu agressif, vous êtes tenu alors de le museler. N'oubliez pas que vous êtes responsable des accidents qu'il pourrait provoquer. Les petits chiens, quant à eux, pourront voyager dans les mêmes conditions que dans le métro.

En taxi

Si vous utilisez davantage le taxi, sachez que le chauffeur est seul habilité à déterminer s'il accepte ou non votre

Caniche. S'il estime que votre animal peut détériorer ou salir son véhicule, il peut refuser sa présence, sans explication aucune, même si votre Caniche est l'image même de la sagesse et du savoir-vivre. Il ne vous restera alors qu'à trouver un chauffeur de taxi plus complaisant. Mais généralement, les chauffeurs de taxi sont compréhensifs, possédant eux-mêmes un animal qui les accompagne pour tromper leur ennui durant l'attente et pour dissuader d'éventuels agresseurs.

Que ce soit en métro, RER, autobus ou taxi, en fait les réglementations sont quasi inexistantes, mais se présentent plutôt sous forme de tolérances. Pour emmener votre compagnon, à vous donc de faire preuve de gentillesse, de courtoisie et de tact. De plus, si votre Caniche sait se comporter en véritable *gentleman*, il y a peu de risques que l'on vous refuse sa présence...

Plus conciliante, la *SNCF* accepte que votre Caniche vous accompagne. Pour cela, il faudra que votre Caniche, s'il est nain, accepte de faire le trajet dans un panier ou un sac. Cependant, si vos compagnons de voyage n'y voient aucun inconvénient, vous pourrez lui laisser un peu plus de liberté. Si vous possédez un Caniche royal, la SNCF l'acceptera aussi, mais à la condition qu'il voyage dans le couloir et muselé. Vous devrez acquitter pour lui le montant d'un billet de transport équivalent à la moitié du vôtre.

En bateau

Avant toute chose, votre Caniche ne sera autorisé sur un bateau que si tous ses vaccins sont à jour. De petite taille, il pourra voyager avec vous dans votre cabine. Plus grand, il sera obligatoirement placé dans le chenil du bateau. Cependant, vous aurez la possibilité de lui faire faire quelques promenades sur le pont durant certaines heures. Il vaut mieux vous renseigner avant le départ, les règlements concernant les chiens différant suivant la compagnie choisie.

En avion

Si le commandant ne s'y oppose pas, votre Caniche sera accepté sur les lignes aériennes. Toujours la même chose cependant: de petite taille, il pourra rester avec vous. De volume plus important, il devra faire le vol dans la soute à bagages, qui est, rassurez-vous, pressurisée et chauffée. Administrez-lui cependant, un léger sédatif pour pallier un malaise qu'il pourrait avoir durant le vol, au départ ou à l'atterrissage.

Le Caniche en vacances

“Ah non! Je suis désolé, mais nous n'acceptons pas les chiens dans notre établissement!” Combien de maîtres ont entendu ces propos, que ce soit dans un hôtel ou dans un restaurant.

Quelle déception pour le maître qui sait pourtant que son petit compagnon est sage et ne gênera personne... Oui, mais si votre petit Caniche est un chien civilisé, il n'en est pas de même pour tous les chiens. C'est pourquoi il faut comprendre les directeurs de ces établissements qui ont vu trop souvent leur salle de restaurant ou leur hôtel ressembler à un véritable champ de bataille pour chiens. Aboiements, grondements et batailles dérangent les autres occupants qui sont là pour se divertir ou se reposer et n'ont pas à subir les inconvénients d'animaux agressifs ou indisciplinés.
Si vous devez partir en voyage, prévoyez donc cet inconvénient, et trouvez les endroits qui accepteront votre Caniche.

En voiture

Il est tout à fait possible d'emmener votre Caniche en voiture. Son format n'est pas si important, et il ne prendra pas beaucoup de place. En revanche, il est important pour votre sécurité qu'il se comporte bien. Un chien qui aboie dès que la voiture s'arrête ou qu'il voit un de ses congénères à travers la vitre, est un danger. Si votre compagnon ne sait pas se tenir tranquille, il est préférable que vous envisagiez de le maintenir à l'arrière du véhicule et d'installer un filet ou une grille qui l'empêche d'accéder aux places avant. En principe, avec votre Caniche, vous n'aurez guère besoin de recourir à ce genre d'ustensiles, le Caniche comprend très vite ce qu'on attend de lui et se pliera donc à vos exigences de bonne conduite en voiture sans problème.
Si votre voyage doit être assez long, emmenez alors croquettes ou aliments préparés qui seront d'un emploi plus facile. N'oubliez pas non plus de songer à son abreuvement. Une voiture, surtout en été, est un véritable sauna et votre Caniche souffrirait rapidement de déshydratation si vous ne le laissiez pas boire en quantité suffisante. Un voyage long vous fatigue! Eh bien, votre Caniche aussi. Arrêtez-vous suffisamment de fois pour que votre compagnon puisse se dégourdir les pattes et faire ses besoins. Ces arrêts, même s'ils ne sont pas très longs, permettront à votre chien de faire ce voyage dans de meilleures conditions. Et puis, pour vous, ce sera aussi moins fatigant...
Evidemment, si vous devez vous arrêter pour déjeuner, ne laissez pas votre Caniche dans la voiture en plein soleil, même si les vitres sont entrouvertes. Un coup de chaleur est très vite arrivé, et il est souvent mortel! Si vous n'avez pas d'autre moyen que de le laisser dans la voiture, et que vous ayez trouvé une zone d'ombre, pensez surtout que le soleil tourne et que votre voiture, fraîche quand vous l'avez laissée, peut être devenue une véritable étuve à votre retour.
Si, malgré vos précautions, vous constatez que votre Caniche se met soudain à haleter, l'écume à la bouche,

qu'il s'agite et que sa langue et ses gencives tournent au bleu ou au gris, ne perdez pas une minute: il est victime d'un coup de chaleur! Il faut donc absolument que vous fassiez descendre sa température. Trouvez de l'eau froide, transportez votre Caniche dans un lieu frais et aéré, et aspergez-le d'eau froide. Ou, mieux, faites-lui prendre un bain. S'il vous est possible de trouver des glaçons, mettez-les dans un linge que vous maintiendrez sur sa tête jusqu'à ce qu'il ait cessé d'haleter et que sa température soit redescendue.

A l'hôtel ou au restaurant

Si vous devez faire un périple organisé, en choisissant vos hôtels avant votre départ, il est sage, lors de la réservation, de faire préciser à l'hôtelier s'il accepte les animaux. Vous prendrez soin, avant de lui poser la question, de préciser que votre Caniche est fort bien élevé, qu'il n'aboie pas et qu'il est propre et sociable. La réponse que l'on vous donnera sera, à coup sûr, fonction de votre description. La même attitude est à adopter si vous choisissez un hôtel ou un restaurant sur la route: posez la question avant de présenter votre Caniche, ce que vous ferez tout de même afin que le gérant de l'établissement puisse vérifier la véracité de vos dires. La politesse et la bienséance seront vos meilleurs atouts devant une personne récalcitrante.

Ne croyez pas, si vous sentez une hésitation, que décidément les hôteliers et restaurateurs n'aiment pas les chiens. Simplement, ils se méfient et en ont souvent toutes les raisons! Veillez donc, lorsque votre Caniche est accepté, à ce qu'il se présente, sur la moelleuse moquette blanche du hall de l'hôtel, avec des pattes propres qui ne risquent pas de laisser de vilaines taches noirâtres et de faire bondir la réception.

Dans votre chambre, évitez que votre compagnon se vautre dans les draps. Faites plutôt en sorte qu'il reste dans sa corbeille ou sur la couverture que vous aurez pris soin d'emmener. Ne le laissez pas non plus seul dans la chambre, à moins qu'il y soit habitué. Sinon, vous risqueriez de constater, à votre retour, que la chambre d'hôtel en question n'en a plus que le nom et ressemble davantage à un terrain de manœuvre. Perdu dans cet endroit inconnu, il risquerait en effet de se venger sur tout ce qu'il trouve afin de tromper son ennui et son angoisse! Si tel était le cas, ne jouez pas la fille de l'air en vous sauvant précipitamment de l'hôtel. Avertissez-en plutôt la réception en présentant vos excuses et en payant les dommages causés par votre petit monstre. En effet, c'est souvent l'attitude de maîtres peu scrupuleux qui incitent ces établissements à refuser tout ce qui ressemble à un chien. Et comme on les comprend!

Dans la salle de restaurant, maintenez votre Caniche sous votre table, couché. Evitez qu'il reste dans le passage, il gênerait certainement le bon déroulement du service. Empêchez-le aussi de quémander auprès de vos voisins de table et même de leur manifester ses débordements d'affection, il n'est pas sûr qu'ils soient bien acceptés. En résumé, un Caniche bien élevé n'est une charge ni pour son maître ni pour ses hôtes!

La maison de campagne

Vous avez choisi, pour vos vacances, la formule de la maison en location, au milieu des champs. Ne croyez pas cependant que votre Caniche aura tout le loisir de courir dans les champs environnants, en toute liberté. En effet, le garde-champêtre, le garde-chasse ne l'entendront pas de cette oreille, et risqueraient de vous dresser un procès-verbal pour divagation. Vous pourrez toujours invoquer que votre charmant Caniche n'est pas un chien de chasse (ce qui est d'ailleurs faux mais souvent ils ne le savent pas!), qu'il ne ferait pas de mal à une mouche, ils ne voudront rien savoir. La loi, c'est la loi!
De toute façon, il est plus prudent que pour ses balades, vous soyez avec votre Caniche. D'abord, il ne risque pas de se perdre, de se faire écraser, de manger un appât empoisonné (il y en a!), de se faire mordre par une vipère, ou de se faire pourchasser par un fermier et son fusil, qui ne voit dans votre compagnon qu'un perturbateur venu de la ville qui va encore effrayer ses poules ou bien même les dévorer! Limitez donc ses balades à celles que vous faites avec lui. Théoriquement, votre Caniche devra être en laisse. Mais cette mesure n'est pas obligatoire si votre chien est à votre écoute. C'est-à-dire que vous pourrez prouver au garde que, dès que vous l'appelez, votre Caniche revient à vos pieds et qu'il ne va pas plus loin que la portée de votre voix. Votre Caniche, en effet, ne peut être dit en divagation que lorsque, se trouvant hors de portée de votre voix, de votre vue, à plus de trois cents mètres, il échappe ainsi à votre contrôle et est alors abandonné à son instinct naturel. Il est alors considéré comme un chien errant. A ce propos, il faut bien garder à l'esprit l'article 213 du code rural: “Les maires peuvent prendre toutes dispositions propres à empêcher la divagation des chiens et des chats. Ils peuvent ordonner que les chiens et les chats soient muselés. Ils prescrivent que les chiens et les chats errants et tous ceux qui seraient trouvés sur la voie publique, dans les champs ou dans les bois, seront conduits à la fourrière et abattus si leur propriétaire reste inconnu et s'ils n'ont pas été réclamés par lui: l'abattage est réalisé dès l'expiration d'un délai de quatre jours ouvrables et francs après la capture. Dans le cas où ces animaux sont identifiés par le port d'un collier sur lequel figurent le nom et le domicile de leur maître ou par tout autre procédé défini par arrêté du ministre compétent, le délai d'abattage est porté à huit jours”.

Cette réglementation est adaptée à chaque commune. Il est donc prudent de connaître les arrêtés spécifiques de la commune où vous vous trouvez. Par ailleurs, des dispositions particulières s'appliquent dans les départements atteints par la rage. Si votre chien n'est pas vacciné, vous êtes dans l'obligation de le promener en laisse et muselé. Ainsi que le précise l'article 8 du décret n° 76-887:
"Dans les territoires déclarés atteints par la rage, les propriétaires ou détenteurs de chiens peuvent les laisser circuler librement sous leur surveillance directe, à condition d'être en mesure de présenter, à toute réquisition de l'autorité investie des pouvoirs de police, un certificat de vaccination antirabique valablement établi et en cours de validité. Les chiens non vaccinés doivent être tenus en laisse et muselés, et les chats, même vaccinés, doivent être enfermés ou tenus à l'attache."
En bref, lorsque vous partez en vacances, il est nécessaire d'emmener avec vous sa carte de tatouage, son carnet de vaccination où seront notifiées toutes les vaccinations mises à jour avant votre départ. Pensez à vous munir d'une trousse à pharmacie qui comportera un antiseptique, un antalgique, un sédatif léger, un garrot, du mercurochrome, des compresses de gaze, du sparadrap, et un vaccin contre les morsures de vipères. Par ailleurs, afin que votre Caniche ne soit pas dépaysé dans ce nouveau lieu, emmenez quelques-uns de ses objets. Sa corbeille ou sa couverture, son écuelle et ses jouets. De cette façon, il s'acclimatera plus facilement.

Les pensions

Pour une raison ou une autre, vous ne pourrez peut-être pas emmener votre Caniche avec vous durant vos vacances ou votre voyage. Il va donc falloir que vous trouviez quelqu'un à qui le confier durant votre absence. Bien sûr, vous avez la solution de le laisser à des voisins ou des amis. Mais peut-être craignez-vous que votre charmant compagnon, fugueur comme vous le connaissez, ne s'échappe. Vous ne partiriez pas tranquille, craignant à tout instant que l'hôte charitable de votre Caniche ne vous appelle catastrophé, car il n'arrive pas à le retrouver. Cette solution n'est donc envisageable que si vous connaissez suffisamment votre chien, son équilibre et les gens chez qui vous le laissez. Une bonne solution, parfois, est de confier votre maison et votre chien à des amis. Outre l'assurance que votre maison ne sera pas pillée par d'éventuels cambrioleurs, vous aurez la certitude que votre petit Caniche ne sera pas dépaysé.
Si aucune de ces solutions ne vous convient, il reste celle de le mettre en vacances dans une pension canine. Il est vrai qu'il faut rester méfiant, mais de nos jours, nombre d'établissements sont tout à fait corrects, tant sur l'alimentation, l'hygiène que les services qu'ils offrent. La première rè-

En haut à gauche: Vania de San Miniato in Colle. Toy noir

En haut à droite: le champion Malibu Italian Style, Caniche nain noir

Reba-Valis-Osca. Caniche noir. Eleveur: Mavrovic; propriétaire: élevage Dolli de A. Scapin

Ci-dessus: toiletta-ge "en lion". Photo Cogis-Varin

Les enfants et le Caniche. Photo Cogis-Varin

gle à respecter absolument: visiter l'établissement. Déjà, vous verrez les personnes qui s'en occupent, mais vous pourrez de plus constater l'état des lieux, le logement prévu pour les chiens, les conditions d'hygiène...
Il est recommandé de vous y prendre à l'avance pour réserver la place de votre petit Caniche. Les pensions sont prises d'assaut durant les vacances, et il ne vous resterait plus que des pensions parfois douteuses où les propriétaires n'acceptent pas que vous visitiez les lieux. Refusez de mettre votre compagnon dans ces endroits. Il y a de fortes chances que le maître des lieux ne fasse cette activité que dans un but purement commercial et s'inquiète fort peu du bien-être des occupants.
D'autre part, méfiez-vous des pensions qui ne vous demandent pas le carnet de vaccination de votre Caniche. S'il ne le fait pas pour vous, il ne le fait pas non plus pour les autres, et votre Caniche risque donc de contracter une maladie bénigne ou même grave. Généralement, le propriétaire d'un établissement sérieux consultera le carnet de santé de votre animal, vérifiera son tatouage, exigera entre autres vaccins obligatoires, celui de la gastro-entérite. De plus, il s'informera du caractère de votre compagnon, de ses habitudes et de ses préférences alimentaires. Certaines pensions ont même des menus à la carte. Enfin, lors de la séparation avec lui, il vous conseillera de lui laisser un chiffon ou tout autre objet qui soit imprégné de votre odeur afin qu'il ne se sente pas abandonné.

La responsabilité du maître

Lorsque vous êtes allé chercher votre petit chiot Caniche, vous vous êtes tout de suite senti responsable de lui, de son alimentation, de son éducation, de son équilibre. C'est bien, mais il faut aussi savoir que vous êtes responsable des dégâts qu'il pourrait éventuellement causer. En effet, dans l'article 1385 du code civil, il est mentionné que: “le propriétaire d'un animal ou celui qui s'en sert, pendant qu'il est à son usage, est responsable du dommage que l'animal a causé, soit qu'il fut sous sa garde, soit qu'il fut égaré ou échappé”. La victime doit prouver que c'est bien votre petit Caniche qui est allé “labourer” son potager et détruire tous ses plants.
Si votre compagnon vous a échappé et a provoqué la collision de deux véhicules, sachez que vous en êtes responsable.
Cependant, il faut tout de même savoir que la responsabilité peut être limitée dans certains cas. Par exemple, un individu fait volontairement peur à votre Caniche ou bien l'excite à travers votre portail. Votre animal terrorisé le mord. Vous ne pouvez en être tenu pour responsable. De même, si un molosse agresse votre chien et que celui-ci se défende, vous ne serez, bien entendu, pas responsable de ses morsures.

Toujours est-il qu'il est indispensable que vous soyez assuré contre ces éventuels incidents. Demandez à votre assureur. Normalement, votre assurance responsabilité civile comprend une clause qui couvre les dommages causés par votre animal familier. Si ce n'est pas le cas, réparez vite cette omission, un accident est si vite arrivé!

Le Caniche et les voisins

Où que vous habitiez, votre Caniche ne devra gêner personne. Si vous habitez en pleine campagne, il y a peu de risques que votre compagnon perturbe quiconque par ses aboiements. Mais sachez que si vous logez dans un immeuble, très vite des tensions peuvent se créer avec votre voisinage si votre Caniche ne respecte pas leur tranquillité. En fait, personne, que ce soit votre propriétaire ou vos voisins, ne peut vous interdire la possession d'un chien. Mais il faut pour cela répondre à trois conditions: il doit s'agir d'un animal familier; l'animal ne doit causer aucun trouble de jouissance aux occupants de l'immeuble; l'animal ne doit causer aucun dégât à l'immeuble.

Suivant l'immeuble où vous habitez, vous pouvez vous retrouver en butte aux injures d'un voisin, après que votre charmant Caniche eut aboyé une nuit car il y avait des bruits dans l'escalier. Si ce grincheux n'aime pas les chiens et tente de porter plainte, n'hésitez pas, et allez voir vos autres voisins pour qu'ils signent une pétition attestant que votre compagnon ne dérange personne. La meilleure solution est, de toute façon, l'éducation de votre Caniche; car autant, s'il est bien élevé, il sera un merveilleux compagnon; autant, dans le cas contraire, il sera une charge et une source continuelle de soucis.

Toilettage

La toilette en lion

Aucun chien ne se prête mieux que le Caniche au toilettage. Son poil frisé et souple permet une coupe et un modelage très précis donnant un résultat excellent.
En tout état de cause, le toilettage du Caniche est une tradition liée aux origines mêmes de ce chien. En effet, le toilettage dit “en lion”, ou d’exposition, est une juste reconnaissance de cette qualité de chien de chasse au marais. Cette coupe permet en effet au chien de se protéger du froid de l’eau sur la poitrine: l’arrière-train rasé facilite sa nage, et évite la prise de la boue et l’accrochage dans les buissons.
Plusieurs toilettages sont admis en concours. Pour le particulier propriétaire d’un Caniche, il pourra laisser jouer son imagination et son goût, mais une règle est impérative, il faut toiletter son chien ou employer les services d’un toiletteur: ce dernier n’est plus un tondeur de chiens, mais un véritable artiste devenu l’homme de l’art. Le toilettage n’est pas un luxe, mais une nécessité esthétique et sanitaire, indispensable tous les deux mois.
La France possède d’excellents éleveurs qui produisent de beaux et bons Caniches. Que l’amateur s’adresse à eux, il trouvera le chien qu’il lui faut, dans la taille et dans la couleur de son choix; il le paiera peut-être un peu plus cher que chez un marchand de chiens — et encore pas toujours! — mais il aura un très beau Caniche. Le toilettage en lion est donc la véritable tonte qui respecte entièrement le style et l’identité du Caniche.
Malgré cette explication, le grand public (à l’exception des visiteurs assidus des expositions canines) n’aime pas la taille en lion. Le plus souvent, on lui préfère la tonte hollandaise *dutch clip*, c’est-à-dire le poil coupé près du corps avec quelques ornements de poils à la cow-boy laissés sur les jambes. Ce style a le désavantage de laisser en place le poil qui retient le plus la boue. Chose étrange mais exacte, la coupe hollandaise est d’un entretien plus difficile. En Amérique, elle n’est pas acceptée dans les expositions.
Les chiens âgés de moins d’un an peuvent être tondus *puppy clip*, c’est-à-

dire dans le "style chiot", mais tous les adultes sont toilettés à la mode "continentale", c'est-à-dire européenne, ou arborent la tonte anglaise *saddle clip*.

Quel que soit le style choisi, un toilettage régulier est d'une importance essentielle. Comme ces chiens ne muent pas, aucun risque de poils sur les tapis, mais ils s'emmêlent, se collent. Les heures passées à démêler une toison de Caniche négligé amènent à comparer sérieusement ces deux inconvénients. Et on ne parvient pas à décider lequel est le moindre.

Malgré tous leurs avantages, les Caniches de grande taille n'ont jamais eu la vogue. Cette taille, que l'on admire, les dessert d'ailleurs. Heureusement, on n'a jamais eu à craindre leur extinction. Ils ont toujours pu compter sur un bon nombre d'amis qui veillent à la multiplication de leur race.

Fort rares sont les propriétaires susceptibles de présenter un chien parfaitement toiletté par leurs soins personnels. Ils auront donc toujours intérêt à s'adresser à un toiletteur connu pour la valeur de son travail.

Il est à noter que jusqu'à ces derniers temps, si la tonte en lion était seule acceptée dans les concours, c'est parce qu'elle permet de juger les formes de l'animal, qui sont dégagées sur la partie postérieure, alors que le poil conservé sur la partie avant permet de juger la qualité de la fourrure.

Précisons que pour la tonte en lion, l'animal sera tondu sur l'arrière-train jusqu'aux côtes; le museau le sera aussi en dessous et au-dessus; ainsi que les joues depuis les paupières inférieures. Les pattes antérieures et postérieures seront tondues à l'exception d'un bracelet situé au-dessus du pied, au départ de l'avant-bras, et éventuellement d'un motif facultatif sur l'arrière-train. La queue le sera également, sauf un pompon rond et oblong qui doit terminer son extrémité. Tous les sujets conservent le port de la moustache.

Depuis quelque temps, certaines sociétés acceptent dans les concours le toilettage moderne.

Pour un amateur qui ne présente pas son Caniche dans une compétition de beauté, avec un peu de soin et d'attention, il pourra parvenir à toiletter son sujet lui-même. Il lui faudra, pour les parties inférieures du corps, une tondeuse n° 1 comme en emploient les coiffeurs. Pour la tête, c'est-à-dire les joues, une tondeuse plus fine, soit du n° 0. En ce qui concerne les bracelets, certaines parties des oreilles, ainsi que pour les pieds, des ciseaux de coiffeur droits ou courbes seront nécessaires.

Dans le toilettage moderne, le casque doit être suffisamment bombé mais sans excès, la nuque pas trop massive; le passage du dos aux pantalons doit être un peu en biais. Les pantalons pas trop étroits et légèrement bombés. Les pieds ne doivent pas être tondus trop hauts.

Nettoyez bien entre les yeux, en descendant vers le nez, afin que le sillon nasal soit exempt de poil jusqu'à la truffe. Rasez soigneusement les joues (l'opération n'est pas facile du tout parce que les sinuosités venant précisément de la ciselure comportent des creux, ce qui empêche la tondeuse de pénétrer partout facilement) en suivant la ligne droite qui part de l'orifice de l'oreille pour s'arrêter à la commissure des lèvres. De cette commissure à la truffe, on doit laisser les moustaches, qui devront aller en décroissant de la truffe à la commissure elle-même. Tondez la mâchoire inférieure, en descendant du menton vers le cou, en pointe, de façon à former un triangle. Afin qu'apparaisse l'angle, le plus droit possible, formé par la ligne supérieure du sillon nasal et la face antérieure de la truffe, il suffira de passer la tondeuse de bas en haut de façon à enlever les poils sous la truffe elle-même, en respectant les moustaches.

On passe ensuite aux membres antérieurs. Il faut raser les poils entre les doigts des pieds et sous les coussinets, en remontant jusqu'à la hauteur du cinquième doigt et en laissant deux grosses touffes, puis rasez ensuite jusqu'au coude, ce qui mettra ainsi en valeur les pattes et leur aplomb.

Pour les membres postérieurs, il faut raser les pieds en remontant jusqu'à la même hauteur que pour les membres antérieurs, en laissant deux bracelets bien nets et arrondis d'une importance proportionnelle à la taille du chien.

Ces pompons se trouveront à cheval sur l'articulation du jarret. Continuez l'opération du rasage en remontant ensuite vers la cuisse et sur tout l'arrière-train jusqu'à la hauteur de la dernière fausse côte. La queue doit être rasée sur la moitié de sa longueur, en laissant un grand pompon à l'extrémité.

A ce stade du toilettage, il faut laver soigneusement le chien en utilisant un shampooing spécial pour Caniches. Pendant que vous sécherez le chien avec un sèche-cheveux, il faut le brosser soigneusement avec la brosse métallique de façon que les nœuds, s'il y en a, se démêlent bien et que le poil soit vaporeux et très bien séparé. Procédez maintenant aux dernières retouches à l'aide de ciseaux qui vont mettre en valeur les caractéristiques esthétiques du chien, comme la ligne dorsale, l'encolure et l'oreille.

On ne doit pas toucher au poil des oreilles. L'éleveur expert recherche l'oreille abondamment recouverte de longs poils ondulés, signe particulier de la race. C'est un attribut d'une grande rareté et, par conséquent, une valeur à conserver.

Un toilettage moderne offre autant de difficultés qu'une toilette classique, à condition qu'elle soit effectuée avec soin, ce qui n'est pas toujours le cas.

Les pieds et le museau doivent être tondus de la même façon que dans la toilette en lion. Le poil, s'il est trop long, doit être raccourci sur le dos, sur le cou et sur la région costale; on doit le maintenir abondant sur les quatre membres.

Lavez et démêlez bien le poil pendant le séchage. Après l'avoir brossé soi-

gneusement jusqu'à la racine, passez de nouveau le peigne à contre-poil.
La coiffure doit avoir la même ligne que dans la toilette en lion. Elle doit retomber abondamment vers l'avant, être arrondie et étroite sur les côtés, tandis que sur l'arrière de la tête elle descend en mourant vers le cou, sur lequel elle doit garder une hauteur d'un centimètre et demi, de même que sur le dos jusqu'à l'attache de la queue et sur la région costale.
Les membres doivent être symétriques, arrondis et bien pourvus de poils; le poil des cuisses et des épaules doit aller en dégradé vers le dos. La ligne de l'arrière-train doit être bien marquée. Arrondissez bien vers les reins.
Oreilles bien frangées, pompon à la queue, comme dans la toilette classique.
Un sujet avec peu de poils aux épaules et sur les cuisses, même si la structure de son squelette est parfaite, aura un aspect disgracieux qui lui fera perdre des points. Il est évident que pour présenter un chien à une exposition, on doit veiller à ce que la toilette soit très bien exécutée, qu'il s'agisse d'une toilette moderne ou classique en lion.
Dans l'un comme dans l'autre cas, la phase finale comprend le nettoyage des oreilles, la taille des ongles, le détartrage des dents. Ces deux dernières opérations doivent être effectuées, de préférence, par le vétérinaire, à moins que le toiletteur ne soit vraiment très habile en la matière.
Depuis quelques années, un certain nombre de toiletteurs ont pris l'habitude de procéder à des coupes originales et colorées. En effet, à ce stade, le poil du Caniche est coloré grâce à l'application de teintures végétales parfaitement inoffensives qui permettent au créateur de laisser libre cours à son imagination.
Ainsi préparés, les Caniches sont de véritables œuvres d'art, mais cette pratique qui produit des Caniches colorés en une ou plusieurs couleurs (parfois plus de trois!) n'est acceptée que depuis peu dans certaines expositions. De plus, elle est très controversée par l'école française qui, d'une façon générale, est peu favorable à ce qu'elle considère comme une dénaturation.
En revanche, en Italie et aux USA, cette coloration est devenue la règle et, même dans la rue, on rencontre très fréquemment des Caniches ainsi traités. Certains propriétaires un peu excentriques se font même teindre les cheveux de la même façon que leur Caniche... Cette mode est d'ailleurs à rapprocher de celle qui touche une certaine partie de la jeunesse qui aime à arborer des mèches colorées sur des coiffures très élaborées.
Comme nous le rappelle le docteur Philippe de Wailly, éminent spécialiste dont les avis font autorité, contrairement à ce que l'on pourrait croire, la tonte en lion n'est pas due, au caprice d'une Cléopâtre ou d'une Marie-Antoinette. Son origine est autrement plus noble, puisqu'elle est due, rappelons-le, à une aptitude particu-

lièrement oubliée du Caniche, la chasse. Avant de devenir le chien de compagnie préféré des Français, le Caniche, comme son "ancêtre" le Barbet, était en effet un chien de chasse, un retriever, pour être plus précis. Chien d'eau par excellencc, lc Caniche était utilisé pour ramener le gibier abattu dans les marais, lacs ou étangs. Comme madame la présidente Jeancourt-Galignani l'a écrit, la croupe fut tondue, "car des Caniches chasseurs de canards sont restés enlisés dans les marais, le derrière plein d'eau boueuse, trop lourd, trop gluant".
Plus tard, on laissa des pompons de fourrure pour protéger les articulations des rhumatismes. La toilette anglo-saxonne apporta encore une amélioration à cette tenue de travail en relevant les poils au-dessus des yeux et en les réunissant par une cordelette ou un ruban de couleur, ce qui présentait le double avantage de dégager la vue du chien mouillé et de permettre au chasseur de le situer facilement quand il nageait.
Même cause, mêmes effets, le grand frère portugais du Caniche, le *Cao de Agua*, est lui aussi tondu en lion pour faciliter ses exercices de natation. Ce grand chien, d'une taille supérieure à 50 centimètres, soit à peu près la taille d'un Berger allemand, est encore utilisé quotidiennement par les pêcheurs comme agent de liaison entre le bateau et le rivage, comme gardien du maître et de ses biens, et va même jusqu'à plonger spontanément si un poisson s'échappe du filet. Le choix des pêcheurs portugais confirme, s'il en était besoin, les origines aquatiques de la tonte privilégiée du Caniche.
La tonte en lion reste le toilettage privilégié par le Club du Caniche de France. A qualités égales, un Caniche tondu en lion aura toujours la préséance en exposition sur un chien tondu en zazou ou à l'anglaise. Pourquoi cette préférence? Les origines historiques du toilettage en lion n'expliquent pas tout. Les partisans de ce mode traditionnel de toilettage avancent d'autres arguments:

• Depuis des années, voire des siècles, le Caniche a été élevé et sa race améliorée en fonction des exigences de ce type de toilettage. On a ainsi favorisé l'élevage de chiens médiolignes, travaillé sur la qualité du poil, sur la longueur des oreilles, la cambrure du dos et celle du ventre. Comme le souligne L.-C. Reymond, dans son ouvrage sur le Caniche:
"Si depuis des siècles le Caniche avait été tondu comme de nos jours en Terrier, il est absolument certain que son extérieur aurait été sensiblement modifié. Pour l'harmoniser à cette toilette, on l'aurait recherché plus près du bréviligne (aussi long que haut), les oreillcs nettement plus courtes, le ventre plus relevé, la ligne dorsale parfaitement rectiligne... Et surtout, le caractère fourrure, relégué par la tonte nouvelle à un plan éloigné, aurait été perdu à plus de 70%. Et c'est sur ce plan, croyons-nous, qu'il faut particulièrement insister, car si la fourrure,

d'après le standard, doit être abondante, dense, de bonne texture, laineuse, bien frisée, élastique et résistante à la pression de la main, il ne faut pas douter et il est bien évident que le toilettage dit moderne, supprimant le poil, sauf sur les membres, ne peut garantir une pilosité satisfaisante et de qualité."

• De tous les toilettages autorisés, la tonte en lion est la plus facile à réaliser. Mais, en revanche, la moins facile à entretenir!

• La tonte en lion est l'apanage du Caniche. Elle contribue à son originalité et à sa beauté. Un Caniche tondu à la zazou ressemble à n'importe quel Terrier.
Votre choix est-il fait? Vous rangez-vous sous la bannière des traditionalistes? Ou, peut-être, avez-vous plus simplement l'intention de faire participer votre Caniche à un concours, sachant que ses chances seront multipliées par ce toilettage... Quoi qu'il en soit, voici le texte officiel du standard.

Standard. Le Caniche, qu'il soit en poil bouclé ou cordé, sera tondu sur l'arrière-train jusqu'aux côtes. Seront également tondus: le museau, au-dessus et au-dessous, à partir des paupières inférieures; les joues, les pattes antérieures et postérieures, sauf des manchettes ou bracelets et des motifs facultatifs sur l'arrière-train; la queue, sauf un pompon terminal rond ou oblong. Le port de la moustache est indiqué pour tous les sujets.
Le maintien de la fourrure aux membres antérieurs, dits "pantalons", est également admis.

La toilette moderne 1960

Comme son nom l'indique, c'est en 1960 que cette nouvelle toilette fut admise par le Club du Caniche de France, même si elle passe pour avoir été créée en 1925 par l'Allemand Hans Thum. Mais l'homologation ne se passa pas sans difficultés... La mode zazou était déjà extrêmement répandue, mais les propriétaires de Caniches qui présentaient leurs chiens ainsi tondus en exposition étaient impitoyablement refoulés. La présidente du Club était d'une rigueur impressionnante, comme en témoigne cette anecdote, relatée par le docteur Luquet dans la *Revue du Chien*: "La tonte en lion... était une religion, presque une mystique, et comme toute religion qui, dans sa chapelle, promulgue *ex cathedra* les actes de la foi, tout incroyant était hérétique. Au cours de l'année 1954, un éleveur et juge de Caniches fort réputé à l'époque (il est décédé depuis) avait écrit dans une revue canine que la tonte en lion était la meilleure mais que, devant l'engouement de la mode, on devrait, en exposition, admettre les zazous (c'est ainsi qu'on dénommait à l'époque les Caniches tondus à la moderne). L'article était à peine sorti des

presses qu'il recevait de la présidente du Club du Caniche l'ordre de révoquer publiquement ces écrits et, plainte ayant été déposée devant la SCC, il reçut de celle-ci un rappel à l'ordre l'informant qu'il n'avait pas à exprimer une opinion sans en avoir au préalable référé à l'autorité." Le malheureux s'empressa de faire son autocritique, précisant avec un humour involontaire que ce revirement ne se faisait pas sous le coup d'une menace quelconque...
Néanmoins, l'idée était lancée. Les éleveurs se firent de plus en plus nombreux à exiger l'homologation de cette tonte. Le Club allemand dut aller jusqu'à menacer de se rebeller contre l'autorité du Club français pour que celui-ci admette enfin le toilettage moderne. Correspondant sans aucun doute davantage au goût et à la mode actuels, ce toilettage est beaucoup plus répandu. Autant il est rarissime de croiser dans la rue un caniche tondu en lion, autant les modernes sont nombreux.
Ce toilettage est cependant très délicat et beaucoup plus difficile à réaliser qu'il n'y paraît. Il s'agit d'un toilettage aux normes précises et non d'une simple coupe près du corps, que l'on rencontre encore plus fréquemment dans les rues. L'entretien d'un Caniche tondu à la moderne sera, bien sûr, plus facile que celui d'un lion, mais on ne peut que donner raison aux arguments de L.-C. Reymond en faveur de la tonte en lion.
Qu'importe! Votre choix est maintenant fait, votre Caniche ne ressemblera pas à un lion, peut-être pas non plus à l'image idéale du Caniche, mais au moins ressemblera-t-il à un chien! Peut-être sera-t-il aussi plus à l'aise toiletté de la sorte qu'avec son étouffante crinière.
Si votre choix s'est porté sur la coupe moderne, voici le texte officiel du standard.

Standard. Le maintien de la toison aux quatre membres est admis à la condition expresse que les normes suivantes soient respectées.

Seront tondus:

• Le bas des membres antérieurs, depuis les ongles jusqu'à la pointe de l'ergot, le bas des membres postérieurs jusqu'à une hauteur équivalente. Le dégagement à la tondeuse, limité aux seuls doigts, est admis.

• La tête et la queue, selon les règles précédemment décrites. Sera exceptionnellement admise dans cette toilette: la présence, sous le maxillaire inférieur, d'une courte toison ne dépassant pas 1 cm d'épaisseur et dont la ligne inférieure devra être taillée parallèlement au maxillaire. La barbe dite "de bouc" n'est pas tolérée.

• La suppression du pompon de la queue diminuera un peu le coefficient "texture du poil".

Poils raccourcis:

• Sur le corps, pour présenter sur la ligne dorsale une moirure plus ou moins longue d'au moins 1 cm. La longueur de la toison sera augmentée progressivement autour des côtes et en haut des membres.

Toison régularisée:

• Sur la tête, qui demeure avec un casque de hauteur raisonnable, ainsi que sur le cou en descendant derrière jusqu'au garrot, et devant, sans discontinuité, jusqu'à la partie rasée du pied, selon une ligne légèrement oblique depuis le haut du poitrail. En haut des oreilles et jusqu'à un tiers de leur longueur au maximum, la toison peut être raccourcie aux ciseaux ou tondue dans le sens du poil. La partie inférieure sera laissée couverte de poils d'une longueur augmentant progressivement de haut en bas, pour se terminer en franges qui peuvent être égalisées.

• Sur les membres, pantalons marquant une nette transition avec la partie tondue des pieds. La longueur du poil augmente progressivement vers le haut pour présenter, sur l'épaule comme sur la cuisse, une longueur de 4 à 7 cm, mesurée poils étirés, proportionnellement à la taille du sujet, mais en évitant tout "bouffant". Le pantalon postérieur doit laisser ressortir l'angulation typique du Caniche. Toute fantaisie s'écartant de ces normes standards est éliminatoire.
Quelle que soit la silhouette obtenue par le toilettage, celle-ci ne doit en rien influencer le classement dans les expositions, tous les chiens devant être jugés et classés ensemble.
A qualités égales, la préférence sera toujours donnée aux chiens toilettés en lion.

Ce texte, adopté bien à contrecœur par le Club de Caniche de France, le 11 avril 1960, fut considéré comme bien incomplet, et trop peu précis à l'usage. Cinq ans plus tard, le 9 janvier 1965, il faut modifier de la façon suivante.

Toilette 1965. Pour toutes les présentations, sont seules reconnues standards:
— la toilette en lion (définition ancienne);
— la toilette internationale REC, définie comme suit.

Sur le corps, les poils seront non rasés, mais raccourcis soit aux ciseaux, soit à la tondeuse actionnée dans le sens du poil, lorsque la texture suffisamment frisée du pelage le permet, de façon à laisser une toison dont la longueur, maintenue à 1 cm environ sur toute la ligne dorsale, peut être augmentée progressivement jusqu'au bas des côtes et en haut des membres.
Sur les membres antérieurs et postérieurs, y compris les cuisses et les

épaules, ainsi que le poitrail, la toison sera régularisée à une longueur moyenne, de façon que sa surface suive les lignes anatomiques. Ainsi sera marquée l'angulation des membres postérieurs, tandis qu'en avant, la ligne partant du poitrail descendra en dégradé (en forme de gobelet) jusqu'à la partie rasée du pied.
La toison ne doit pas être laissée trop épaisse aux cuisses et aux épaules, de façon à éviter tout "bouffant".
Il serait souhaitable que les pieds fussent entièrement tondus, et les doigts doivent être obligatoirement dégagés à la tondeuse.
A la tête, le chanfrein sera tondu depuis le nez jusqu'au stop, ainsi que les joues, depuis les paupières inférieures jusqu'à la naissance des oreilles. La lèvre supérieure reste bordée d'une moustache assez importante. Sous le maxillaire inférieur, une petite barbe est admise, mais la ligne inférieure de celle-ci doit être taillée horizontalement. La prétendue "barbe de bouc" n'est pas admise.
Le casque du crâne reste long (en harmonie avec la taille du chien). Il sera régularisé à une hauteur raisonnable en forme arrondie, la ligne descendant en oblique sur la nuque.
Sur le cou, la toison ne sera pas tondue, mais elle sera égalisée à longueur convenable pour rejoindre la ligne du poitrail.
Pour les oreilles, la partie supérieure de la toison peut être raccourcie aux ciseaux ou tondue dans le sens du poil (pour éviter qu'elle ne soit rasée) jusqu'à un maximum d'un tiers de leur longueur. La partie inférieure restante sera laissée couverte de poils, d'une longueur augmentant progressivement de haut en bas, pour se terminer en franges qui peuvent être égalisées.
Il est recommandé de laisser le pompon terminal de la queue pour permettre une appréciation plus exacte de la texture du poil. A qualité égale, la préférence sera toujours donnée aux chiens toilettés en lion.
Toujours cette dernière phrase, qui tombe comme un couperet! Cette préséance de la tonte en lion a toujours cours. Pourtant, le CCF fait de louables efforts pour s'ouvrir à de nouvelles modes, et notamment au toilettage anglo-saxon.

La tonte dite "à l'anglaise"

C'est maintenant officiel, la tonte anglo-saxonnne est admise en exposition. Cette décision a été prise à la réunion de Dortmund, en 1981, et entérinée par la Fédération cynologique internationale. S'agit-il d'une volonté de rapprochement avec les Kennel Clubs britanniques et américains? On ne peut pas vraiment dire que cette décision ait été provoquée par la montée d'une mode dans le grand public, comme ce fut le cas pour la toilette 1960. Il est déjà rare de voir dans les rues des chiens tondus en lion, mais vous avouerez que croiser un caniche tondu à l'anglaise est, pour le moins, encore plus inhabituel!

Quoi qu'il en soit, si cette tonte a été homologuée, c'est qu'il se trouve des éleveurs ou des maîtres pour la défendre.

La tonte anglo-saxonne est dérivée de la tonte en lion et possède les mêmes origines. Outre-Atlantique, les grands Caniches sont d'ailleurs encore fréquemment utilisés comme chasseurs au marais, et cette tonte revêt alors toute son utilité.

Les différences essentielles sont les suivantes:

— la tête est entièrement dégagée, sans moustache ni barbiche;
— les poils du front sont peignés en arrière et retenus par un ruban, le *top knot*. Cette coiffure se pratiquait également en France, autrefois, lors de la chasse au marais. Les rubans de couleur qui retenaient la houppette permettaient au chasseur d'identifier le chien pendant qu'il nageait;
— l'arrière-main n'est pas tondue mais raccourcie aux ciseaux en laissant une fourrure de 1 cm à 1,5 cm d'épaisseur. Contrairement à la technique anglaise du *saddle clip*, dont ce toilettage est inspiré, aucun macaron ou coussinet n'est admis sur l'arrière-main, ni sur les oreilles;
— deux ou plusieurs bracelets sont aménagés sur les membres postérieurs, séparés par des espaces tondus. Le poil doit y être de même longueur que sur la croupe;
— les poils restent longs sur les oreilles;
— les membres antérieurs sont traités de la même façon que pour la tonte en lion, c'est-à-dire tondus avec un coussinet autour du genou;
— la queue est rasée, avec un pompon sphérique à son extrémité;
— le corps reste "en poils", à la manière de la tonte en lion.

Autres toilettages

Chacun est libre, en son âme et conscience, de tondre son chien à son gré. Le seul interdit devrait être de ne pas porter atteinte à la nature même du chien, à sa santé et à sa dignité. Quoi qu'il en soit, seuls les trois toilettages cités plus haut sont admis, avec des fortunes diverses, sur les rings des expositions, mais il existe d'autres tontes qui ont eu, en leur temps, d'ardents défenseurs.

Le toilettage en zazou

Cette forme de toilette a été, nous l'avons vu, à l'origine de la toilette 1960. Elle en est pourtant assez éloignée. Les principales différences avec la toilette 1960 sont les suivantes.

• La tête présente des joues tondues, mais le chanfrein conserve tous ses poils, peignés en avant de façon à donner un aspect carré au museau, à la manière d'un Terrier. Les oreilles sont entièrement tondues. Le casque est maintenu sur le sommet du crâne.

Différents toilettages. Elevage de Daim-Pré

• L'encolure n'est plus raccourcie, mais entièrement tondue, comme la tête et jusqu'à la poitrine et aux épaules.

• Les membres sont laissés en poils et la queue conserve son pompon.

Cette toilette, qui faisait ressembler le Caniche à un grand Terrier, connut un succès très important dans le grand public, même si les défenseurs de la race Caniche s'offensaient de ce "déguisement".

On ne peut, en fait, que leur donner raison. N'était-ce pas là une sorte de honte de posséder un Caniche que de vouloir dissimuler tout ce qui en fait l'originalité, ses longues oreilles et la texture si particulière du poil de son corps, entre autres? Plutôt que de déguiser leur Caniche en Kerry blue ou en Airedale, ces propriétaires auraient sans doute mieux fait de s'acheter directement un Terrier...

Le toilettage 1942

Egalement issu du toilettage en lion, le toilettage à la mode de 1942 laissait paraître sur l'arrière-main toute une série d'ornements pileux, non plus tondus, mais raccourcis. On pouvait ainsi trouver deux macarons symétriques sur le haut de la croupe et une sorte de ceinture de poils au niveau des cuisses. Les oreilles étaient désépaissies progressivement vers le bas, sans pour autant être complètement tondues. Ces dispositions furent interdites dans le standard de la tonte en lion.

Le toilettage du cordé

Doit-on toiletter le Caniche à poil cordé pour le présenter en exposition? La question pourrait se poser. En effet, le toilettage en lion d'un Caniche cordé donne un résultat peu convaincant, alors que le maintien des cadenettes sur l'ensemble du corps offre un aspect nettement plus "royal".
Quoi qu'il en soit, le toilettage en lion d'un cordé offre quelques petites différences avec celui d'un Caniche bouclé. Les cordes recouvrant complètement les membres antérieurs, il est inutile d'aménager un bracelet à l'avant. Sur les membres postérieurs, ce bracelet sera aménagé, mais sans tondre par en dessous. Il suffit, en fait, de tondre les jambes jusqu'au jarret et de laisser les cordes tomber jusqu'à terre. Le pompon de la queue est, lui aussi, un peu différent, vu la texture particulière du poil. Les cadenettes doivent être taillées au ciseau de façon à former le long de la queue une sorte de "lame de cimeterre". Le reste du corps est traité selon le standard du toilettage en lion.

Une séance de toilettage

Comment se passe une séance de toilettage? Il faut, en moyenne, trois heures pour toiletter un Caniche, selon l'état du poil, la date de son dernier toilettage et le caractère du chien. Certains, irrémédiablement réfractaires au toilettage, peuvent devenir dangereux et mordre le toiletteur. Ceux qui refusent dans ces cas-là d'avoir recours aux calmants, vous rendront votre chien non toiletté et il vous faudra lui apprendre à se laisser manipuler. Mais revenons au cours normal d'une séance.
La première opération est le *démêlage débourrage*. Il faut patiemment enlever les nœuds, puis la bourre, sorte de coton qui se forme entre la peau et le poil et qu'il faut enlever à l'étrille. Dans un deuxième temps on procède au *lavage* avec ou sans antiparasitaire. Vient ensuite le *séchage*. Il existe des cages chauffantes qui feront le plus gros du travail. Le toiletteur finira le séchage au séchoir, en faisant un brushing qui donnera du volume au poil. La quatrième opération consiste en la coupe des *ongles*, le lavage et éventuellement l'épilation des *oreilles*. C'est alors seulement que peut commencer la *coupe* proprement dite, aux ciseaux et à la tondeuse. Il ne reste plus qu'à apporter les dernières touches de finition, selon les désirs des clients, parfum, teinture, etc. Sachez, à propos des teintures (bleue sur les Caniches gris, craie sur les Caniches blancs, etc.) qu'elles sont préjudicia-

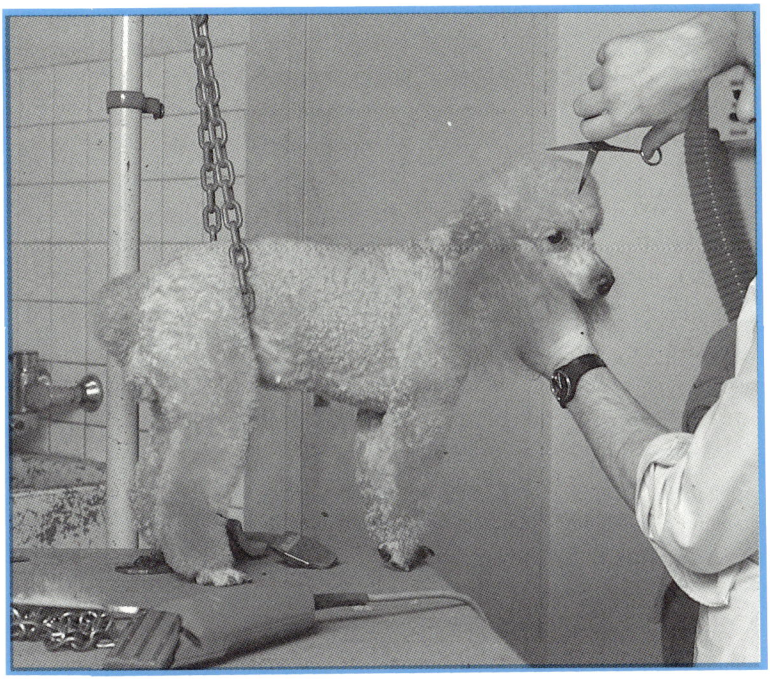

Toilettage "sur deux pattes". Photo Cogis-Taulin

bles au poil de votre chien et interdites en exposition, le juge pouvant s'en assurer par un simple lavage.

Il va sans dire que ces trois heures de soins sont relativement coûteuses. Suivant la taille du Caniche et le temps passé au toilettage, selon les tarifs du toiletteur également, il faudra compter entre 150 F et 350 F. Le Caniche doit, en outre, être toiletté régulièrement, tous les deux ou trois mois. Sinon, il devient rapidement une douteuse boule de poils emmêlés.

Si le toilettage et la tonte restent un métier et un art difficile, et hors de portée pour la plupart d'entre nous, il ne nous est pas interdit d'entretenir régulièrement la toison de notre Caniche. Les séances de toilettage pourront ainsi être espacées, jusqu'au jour où, la pratique aidant, nous pourrons à notre tour toiletter de façon satisfaisante notre propre chien. Voici quelques conseils qui vous aideront à entretenir la beauté de votre Caniche mais, encore une fois, n'oubliez pas que l'on ne s'improvise pas toiletteur. Regardez faire les professionnels, regardez la tonte des chiens en exposition.

Il est certain qu'avec un peu de patience et de goût, en prenant pour modèles les gagnants dans certaines grandes expositions, vous arriverez à d'aussi bons résultats; de plus, vous personnaliserez votre Caniche, car vous le connaissez mieux que le toiletteur, qui, lui, ne le voit que tous les

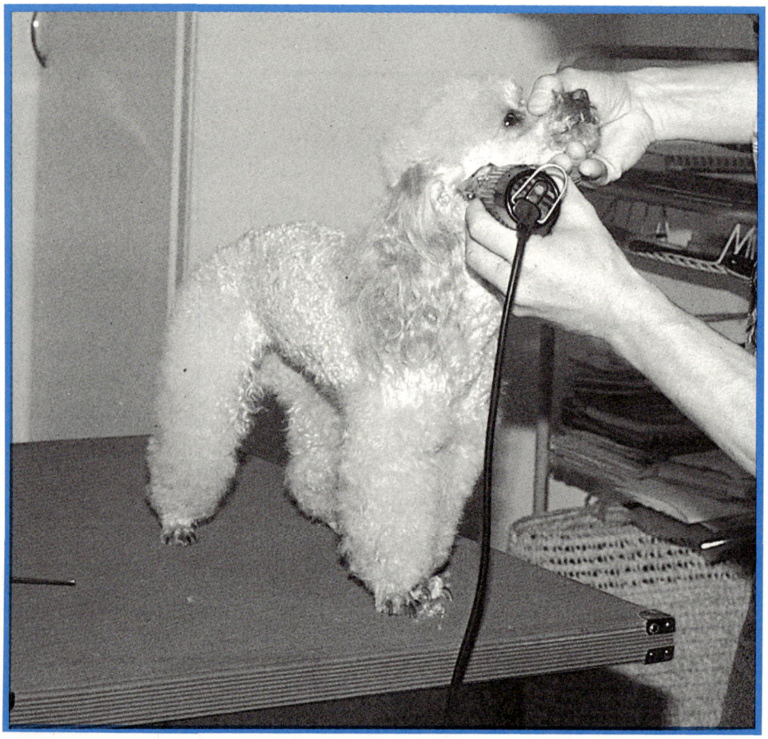

La tonte du Caniche. Photo Cogis

deux mois! Je sais que beaucoup d'exposants débutants critiquent les éleveurs qui sont toujours en tête de peloton... Mais sachez que leurs chiens sont préparés, entraînés, éduqués, et les fourrures soignées amoureusement depuis de nombreux mois! Donc, à vous de jouer, de les imiter, et, pourquoi pas, de les dépasser.

Quelques mois se sont écoulés, votre Caniche est déjà passé plusieurs fois dans les mains du toiletteur; la patte dans la main, vous êtes allé vous frotter une ou deux fois aux champions de la race, mais aujourd'hui, c'est décidé, vous prenez le destin de votre Caniche en main, et en avant pour la grande toilette de printemps!

Technique du toilettage

Comme la séance risque d'être longue, mieux vaut laisser votre chien prendre la position qui lui convient le mieux, assis ou debout. Prenez votre temps, arrêtez-vous après chaque opération pour admirer votre travail et pour caresser votre chien ou lui offrir une friandise. Quelle que soit votre dextérité, il ne doit pas être très à l'aise et il vaut mieux le mettre en confiance au maximum pour éviter un

mouvement brusque, qui pourrait être dangereux pour lui. L'idéal est d'arriver à ce que le chien voie le toilettage comme une séance de caresses, de récompenses et de friandises. Cela dit, vous pouvez néanmoins vous assurer de l'immobilité de votre chien en le maintenant par deux sangles glissées sous la poitrine et sous l'abdomen et suspendues de sorte que les pattes du chien reposent juste sur la table sans porter la totalité du poids de son corps.
Une fois votre chien lavé et parfaitement séché, son poil débarrassé de tout agent extérieur (brindilles, petits cailloux...), le toilettage peut commencer.

La tête

Prenez une tondeuse fine, pas en dessous du n°00, toutefois, car tondre la tête du Caniche trop ras risquerait de faire apparaître le long des sillons osseux des traînées blanches tout à fait inesthétiques. Le plus simple est de commencer par le chanfrein (partie supérieure du museau). Prenez garde à ne pas trop dégarnir le pourtour des yeux, zone qui est souvent atteinte par une légère dépigmentation de la peau. Vous passerez ensuite aux joues, tondues du dessous de l'oreille à la commissure des lèvres. La tonte doit laisser apparaître la finesse de la sculpture osseuse de votre Caniche.
Dans le cas de la tonte en lion, vous veillerez à laisser une petite moustache inclinée d'avant en arrière, c'est-à-dire décroissante vers la commissure des lèvres, en forme de triangle rectangle. La moustache doit rester relativement fine et ne pas cacher les lèvres. Elle sera taillée et égalisée ultérieurement aux ciseaux, en prenant bien garde de respecter la symétrie des deux profils.
Dans le cas de la toilette moderne 1960, le maxillaire inférieur peut ne pas être complètement tondu et laisser apparaître une petite barbiche. Celle-ci ne doit cependant pas dépasser 1 cm d'épaisseur et elle doit être taillée parallèlement à la ligne du maxillaire inférieur.
Dans un cas comme dans l'autre, la gorge et l'encolure antérieure doivent être bien dégagées, de façon à laisser apparaître la forme de la tête. Le dessus du crâne ne doit pas être tondu. On peut tout au plus égaliser la longueur des poils après les avoir démêlés et peignés de façon à créer un casque arrondi de forme convexe. Le casque doit s'arrêter juste au-dessus des yeux, en masquant le stop, mais en ne retombant pas trop sur le chanfrein. Attention, la taille du casque est une opération délicate. Parmi les défauts les plus courants, on retrouve des casques trop plats, coupés trop haut, en laissant le stop visible, une amorce du casque trop fuyante, à partir du stop, ou une nuque trop massive. Faites donc très attention à chaque coup de ciseaux, il faudra plusieurs semaines avant que le poil de votre Caniche repousse et vienne masquer de telles erreurs.

Il ne faut pas non plus tondre les oreilles qui entrent pour beaucoup dans la beauté du Caniche. Après les avoir peignées, vous pourrez éventuellement les désépaissir très légèrement et égaliser avec autant de prudence les poils des extrémités. La tonte et la toilette de la tête sont terminées, vous avez mérité une récréation et votre Caniche aussi. Offrez-lui donc quelque chose à boire, tout cela donne soif!

Le corps

La tonte du corps diffère radicalement suivant le toilettage choisi.

La tonte en lion. Toute l'arrière-main doit être tondue à la tondeuse n° 0 ou n° 00. Il faut dégager complètement les cuisses, à l'extérieur et à l'intérieur, le ventre, le creux du flanc, la croupe, les reins, le début du dos et la base de la queue. La surface tondue doit s'arrêter au niveau de la dernière côte puis, en suivant son axe le long des flancs vers le ventre, s'arrêter légèrement en retrait du sternum, de façon à former une courbe gracieuse. Mieux vaut prévoir une marge au moment de la tonte, et tondre trop peu plutôt que trop loin. La bonne longueur du manchon de fourrure est délimitée par la dernière côte pour les sujets parfaitement conformes au standard. Toutefois, si votre Caniche est un peu long ou un peu trop court, vous pouvez, au nom de l'esthétique, varier cette limite.

Cet aménagement personnel n'échappera pas à l'œil exercé d'un juge d'exposition, mais peut contribuer à la beauté de votre Caniche, ce qui est le plus important. Une fois toutes les parties à tondre bien égalisées, vous pouvez commencer la sculpture aux ciseaux. Encore une fois, le poil aura été au préalable démêlé et peigné de façon à éviter de mauvaises surprises, Le manchon de fourrure, partant de la dernière côte vers le sternum, doit se prolonger de façon harmonieuse jusqu'à la pointe de coudes. Sur le poitrail, il doit rejoindre la gorge et le devant de l'encolure précédemment tondus.

La longueur du poil sur ces régions non tondues sera de 4 à 8 cm suivant la taille du chien. Il est plus esthétique de réduire progressivement la hauteur du poil à l'approche des régions tondues. Sur le devant du poitrail, cette liaison progressive entre le poil long et le poil tondu est indispensable.

Reste alors à confectionner le pompon de la queue et les bracelets des membres. Le pompon doit être de forme arrondie ou oblongue, taillé aux ciseaux. Les bracelets, enveloppant le genou du chien, seront également taillés aux ciseaux. On recherchera le meilleur arrondi. Les bracelets doivent se situer environ à 4 cm au-dessus de la pointe du jarret et à 2 cm au-dessous. Une fois la taille aux ciseaux réalisée, on tondra les membres jusqu'à cette limite, sans dégradé. Les pieds seront également tondus jusqu'à la limite inférieure du bracelet.

Pour toutes ces opérations, n'employez pas une tondeuse trop fine, qui risque d'irriter la peau du chien. Les Caniches blancs et gris ont la peau particulièrement délicate. Tondus trop ras, les noirs peuvent laisser apparaître une peau plus claire, ce qui est tout à fait inesthétique. La tonte doit être faite à rebrousse-poil.
Il existe une variante de la tonte en lion, qui admet la présence de pantalons, à peu près semblables à ceux de la toilette moderne 1960. La nouvelle toilette, dite à l'anglaise, conserve une certaine épaisseur sur l'arrière-main et ménage plusieurs bracelets sur les membres postérieurs. Cette toilette étant toute nouvelle en France, mieux vaut laisser passer quelque temps et observer en exposition les premiers adeptes de cette toilette.

La toilette moderne 1960. La toilette moderne rompt radicalement avec la silhouette en lion. Elle est d'un entretien plus facile mais, contrairement aux apparences, elle est beaucoup plus difficile à réaliser. Mme Brestecher, présidente du Club du Caniche, préconise l'emploi de ciseaux et non de tondeuses pour la réaliser. Le corps du chien sera donc coupé court, mais non tondu, sauf la queue. Le pompon situé aux deux tiers de la queue sera maintenu, comme pour la tonte en lion. A l'aide de ciseaux, vous couperez le poil, pour obtenir une longueur d'environ un centimètre, une fourrure d'aspect moiré et douce au toucher, sans à-coups, sur le dos, le ventre, le cou et le poitrail. La longueur du poil sera augmentée progressivement à l'approche des régions non tondues. Les membres seront laissés “en poils”, de façon à former des pantalons. La longueur du poil doit augmenter progressivement vers le haut pour atteindre, à l'épaule et à la cuisse, une longueur de 4 à 7 cm suivant la taille du chien. Attention, le pantalon des membres postérieurs ne doit pas masquer l'angulation du Caniche. Parmi les erreurs les plus courantes: un poitrail en forme de tonneau, aux épaules trop larges; des pantalons trop larges en haut et trop évasés en bas, façon “pattes d'éléphant”, ou, au contraire, trop étroits, finissant trop pointus, sans démarcation suffisante avec les pieds.

Les pieds

La toilette des pieds est sans doute une des phases les plus difficiles de toute la séance. Beaucoup de chiens sont chatouilleux, et votre patience sera mise à rude épreuve. Alors, avant de vous y attaquer, accordez-vous une nouvelle récréation et faites la paix avec votre Caniche. Certains chiens ne se laisseront jamais faire, surtout après cette ou ces heures d'immobilité relative. Remettez alors le toilettage des pieds à plus tard ou faites-vous aider par un tiers qui immobilisera le chien. Si vous choisissez cette manière forte, prévoyez aussi une muselière, pour éviter une morsure toujours possible, le chien étant dans un état de nervosité qui lui fera peut-être oublier son amour pour vous.

Les pieds doivent être dégagés avec une petite tondeuse ou avec des ciseaux courbes, d'un maniement plus facile. En saisissant fermement la patte de votre chien, pour contrôler totalement ses mouvements brusques, vous tondrez le plus de surface possible et éliminerez les poils situés entre les doigts. Si cela est possible, éclaircissez également les poils situés entre les coussinets plantaires.

Astor de Catalogne. Nain gris. Eleveur: Jacques Maurey; propriétaire: élevage du "Piccolo Lord" de A. Vanzago

Quand il devient champion

La Société centrale canine

Les Caniches, ainsi que les autres races de chiens, sont regroupés au sein d'une organisation agréée par les pouvoirs publics. Au niveau international, c'est la FCI, Fédération internationale de la cynophilie; en France, la SCC, la Société centrale canine. Le rôle de la SCC est d'enregistrer les naissances, de vérifier si les chiens concernés correspondent bien au standard de leur race et de délivrer des pedigree. Outre cette identification, la SCC aide à maintenir les races dans le maximum de leurs qualités, c'est

Sweety de la Côte d'Alley. Champion France, Espagne. Elevage Ker Cottuch'Hent

pourquoi elle peut refuser d'inscrire des sujets qui ne seraient pas conformes.
La Société centrale canine regroupe les sociétés canines et régionales qui organisent des concours et des expositions, et assurent par leurs informations le développement de l'élevage canin de race et les clubs de race. Ceux-ci se consacrent à l'amélioration et à la promotion d'une race déterminée dont ils fixent le standard, surveillent la qualité des chiens produits par les éleveurs. Pour le Caniche, le club concerné est *le Club du Caniche de France* (55, rue Traversière, 75012 Paris).
Lorsque vous désirerez faire saillir votre chienne Caniche ou chercherez une femelle pour votre étalon, c'est donc d'une part à la Société centrale canine et d'autre part, au Club du Caniche de France qu'il conviendra de vous adresser. Ainsi, vous serez mis en contact avec des propriétaires de Caniches de qualité. Lorsque vous aurez le mâle ou la femelle qui convient et que la saillie sera effectuée, vous devrez renvoyer à la Société centrale canine le certificat de saillie dans les quatre semaines suivant celle-ci. Dès réception, la SCC vous adressera un imprimé comprenant deux volets: la déclaration de naissance à renvoyer dans les deux semaines suivant la mise bas, et la demande d'inscription de portée qui sera renvoyée dès que les chiots seront tatoués. A réception du dossier, les chiots seront inscrits à titre provisoire au Livre des origines français (LOF), et la Société centrale canine renverra un certificat de naissance pour chacun des chiots. Ce certificat de naissance, qui ne tient pas lieu de pedigree définitif, sera validé lorsque le chien aura été présenté et accepté à la confirmation.
Pour pouvoir être reconnu apte à la confirmation, votre Caniche devra être tatoué et immatriculé au fichier central de la SCC et reconnu capable d'entretenir ou améliorer les qualités de la race. Il faut donc qu'il soit conforme aux normes du standard fixé par le Club du Caniche de France. Lors de l'examen de confirmation, le propriétaire du Caniche devra présenter la carte de tatouage, le certificat de naissance et le formulaire d'examen de confirmation. Si la confirmation est accordée, le propriétaire du Caniche renvoie à la Société centrale canine le formulaire d'examen de confirmation, où figure la mention “apte”, signé par l'expert confirmateur, et le certificat de naissance. Après avoir procédé aux vérifications, la Société centrale canine procède à l'inscription définitive du Caniche et transmet au propriétaire le pedigree.
Ce pedigree mentionnera la généalogie du chien (environ quatre générations), son numéro de tatouage, la description de sa robe, la mention de sa race, son nom, son affixe, le cachet de la Société centrale canine et un numéro d'ordre d'inscription définitive sur le Livre des origines français.
L'affixe, indication qui figure après le nom usuel du Caniche, est la marque

de l'éleveur qui a fait naître le chien. Elle est sa propriété exclusive et est déposée à la Fédération cynologique internationale.

Les expositions canines

Vous avez choisi un Caniche, car vous appréciez ses qualités d'intelligence, sa drôlerie, sa perspicacité, sa fidélité... Vous avez porté avec raison votre choix sur un sujet inscrit au Livre des origines français. Ses parents et grands-parents sont inscrits aussi et participent à des concours ou des expositions. Cela vous a fait peut-être sourire lorsque vous avez acheté votre chiot, car vous n'imaginiez pas une seconde faire la même chose avec votre bébé Caniche. Cependant vous étiez fier de pouvoir montrer la généalogie prestigieuse de votre compagnon. Et puis, votre Caniche grandissant et devenant adulte, vous avez songé qu'il était bien dommage de ne pas le faire confirmer. Et voilà! Devant l'expert confirmateur, vous avez espéré qu'il vous dise que votre Caniche était un beau sujet. L'envie vous a pris alors d'aller plus loin et de tenter quelques concours de beauté... Rien de plus normal que d'être fier de ce joli petit animal!
Pour juger la beauté de votre Caniche, il existe quatre certificats repré-

Les champions. De gauche à droite: Champion France, Espagne: Sweety de la Côte d'Alley; Lauréate du championnat France 1987: April Ker Cottuch'Hent; Primée expositions: Violaine Ker Cottuch'Hent; Championne Espagne, Internationale: "Une perle Ker Cottuch'Hent; Champion France, Espagne, International: Vaïk Ker Cottuch'Hent. Elevage caniches abricot Ker Cottuch'Hent

sentés par un carton de couleur. "Assez bon", carton jaune, prouvera que votre compagnon a bien le type de sa race mais que soit il n'a pas de remarquables qualités, soit il n'est pas dans le meilleur de sa forme. Le carton vert avec mention "Bon" est attribué au Caniche sans défauts. Le carton bleu "Très Bon" atteste que votre Caniche atteint déjà une qualité supérieure. Le qualificatif "Excellent", quant à lui, vous ouvre à tous les espoirs. Ce carton rouge récompense les sujets de grande qualité et dépourvus du moindre défaut.
Lorsque votre Caniche aura été jugé excellent, vous aurez toutes les chances que lui soit attribué bientôt un certificat d'aptitude aux championnats de beauté. Ceux-ci sont au nombre de quatre.

RCAC — Réserve de certificat d'aptitude au championnat de beauté: décerné à un sujet de très haute qualité, ce certificat est attribué au chien distancé par celui qui a obtenu un CAC. Grâce à ce certificat, votre Caniche pourra participer à toutes les expositions nationales, internationales et à toutes les "spéciales de race".

CAC — Certificat d'aptitude au championnat de beauté: attribué uniquement aux Caniches ayant obtenu un premier prix "excellent", ce certificat permet de prétendre au titre de champion national de beauté lors de concours nationaux ou internationaux. Un CAC est attribué pour chaque taille de Caniches, nains, moyens et grands.

RCACIB — Réserve de certificat d'aptitude au championnat international de beauté: ce certificat est attribué au deuxième meilleur chien après celui qui a obtenu le CACIB, s'il est exceptionnel.

CACIB — Certificat d'aptitude au championnat international de beauté: ce titre peut mener au titre de Champion international de beauté. Un CACIB est décerné à chaque taille de Caniches.

Se préparer à l'exposition canine

Si vous êtes tenté par l'idée de présenter votre petit Caniche lors d'une exposition canine, il faudra que vous vous y prépariez avec soin. Il est bon que vous appreniez certaines règles indispensables au bon déroulement des opérations et que vous habituiez votre Caniche à bien se comporter lorsqu'il sera jugé. De votre maison calme, dont il connaît les occupants et le rythme de vie, il va se retouver soudainement plongé dans une atmosphère agitée, bruyante et parmi de nombreux autres chiens. Une préparation s'impose donc!
Il faut déjà que votre Caniche ne souffre pas du voyage en voiture. Il est donc nécessaire qu'il en ait l'habitude et que cela ne le rende pas mala-

de. Il ne serait pas en bonne forme et cela se ressentirait lors du moment du jugement.

Pour la foule et le bruit, il va vous falloir l'y accoutumer en l'emmenant dans des endroits bruyants. La ville, le marché du samedi, une fête locale sont autant d'endroits intéressants à cet égard. Il est tout à fait indispensable que votre Caniche soit détendu et calme pour la présentation, la peur et la nervosité étant considérées comme des défauts par le standard.

Le juge devant examiner votre Caniche, il faut que ce dernier veuille bien se laisser faire. Si ce n'est pas le cas, demandez à l'un de vos amis d'en faire l'expérience. Au bout de plusieurs manipulations par des étrangers, il devrait s'y accoutumer. Vous devrez habituer aussi votre Caniche à l'examen de sa denture. Celui-ci sera effectué par vous et non par le juge. Pour y habituer votre Caniche, faites l'examen plusieurs fois jusqu'à ce qu'il s'y plie sans problème. Cet examen sert à constater que votre Caniche ne présente pas de prognathisme et a bien toutes ses dents. Si votre Caniche est un mâle, il aura droit à un autre examen, celui de ses testicules. En effet, la monorchidie (un seul testicule descendu dans les bourses) et la cryptorchidie (testicules non descendus) sont des défauts éliminatoires pour le mâle. Il est donc indispensable que le juge puisse porter sa main à cet endroit sans provoquer agressivité ou peur.

Il faudra aussi que votre Caniche marche correctement aux trois allures: pas, trot et galop. Bien sûr, avant toute chose, il doit savoir marcher en laisse correctement, sans tirer ou se laisser tirer. Il faut de plus qu'il comprenne que, lorsque vous commencez à courir, ce n'est pas la débandade, mais qu'il doit trotter à vos côtés.

Familiarisez-le aussi à la toise, afin qu'il ne se couche pas, complètement terrorisé, lorsque le juge voudra le mesurer. En fait, il faut habituer votre Caniche à toutes les épreuves afin qu'il ne s'en effraie pas. Allez voir comment se déroule une exposition canine, et vous comprendrez très vite ce qu'il va vous falloir faire afin que tout se passe bien, et dans le calme...

Votre Caniche est fin prêt, et le jour de votre première exposition canine approche. Songez, trois semaines avant le jour J, à faire toiletter votre Caniche. Quelques jours avant l'exposition, il ne vous restera qu'à faire procéder à un rafraîchissement de sa toilette.

Avant de partir, pas de panique! N'oubliez pas les papiers de votre chien ni sa gamelle et ce qu'il vous faudra pour le nourrir. Etudiez bien votre route et l'heure à laquelle vous devrez être présent, afin de pouvoir arriver en avance. Cela vous permettra de bien reconnaître les lieux, de trouver la cage qui est destinée à votre Caniche. Une fois que vous aurez trouvé celle-ci, vous pourrez vous détendre ainsi que votre chien. De cette façon, s'il était un peu stressé par le voyage ou énervé par l'agitation, il se calmera. Ne vous éloignez pas trop cependant, afin de pouvoir donner un dernier petit coup de peigne à votre compagnon lorsque l'on appellera votre numéro, et que vous ne soyez pas obligé de courir à travers la foule qu'il ne manquera pas d'y avoir à ce moment.

Vous pénétrez sur le ring, c'est l'heure du jugement... Pas de panique, le calme et le sang-froid s'imposent. Tout d'abord, les Caniches présentés seront examinés dans l'ensemble par le juge. Il est donc important que le vôtre soit au meilleur de son allure. Ensuite, il l'examinera seul. Ne faites aucun commentaire pour essayer d'influer sur son avis. Il sait ce qu'il fait, et il n'appréciera sûrement pas votre bavardage.

Une fois qu'il aura examiné votre Caniche et les autres individuellement, le juge regardera à nouveau tous les sujets de façon générale afin de déterminer son classement. A ce moment-là, faites bien attention à la position de votre Caniche. Vérifiez bien la ligne de son dos, ses aplombs, en le tenant sous la tête et par la queue. Le juge donne alors son classement. Si votre petit Caniche n'obtient qu'un rang un peu décevant, ne criez pas au scandale, mais demandez plutôt poliment les raisons de ce classement, afin de connaître les défauts qui ont été pris en compte. Cela vous permettra de travailler ces points. Le rang qui a été donné à votre chien peut très bien être justifié par une mauvaise présentation, par la peur ou l'agitation excessive de votre Caniche. Il ne vous reste donc plus qu'à bien travailler ces points pour la prochaine exposition...

Conclusion

Cet ouvrage, je l'espère, vous aura permis de connaître tout ce que vous vouliez savoir sur ce merveilleux compagnon, le Caniche.
Vous savez désormais comment le nourrir, comment l'éduquer, comment le soigner, comment le toiletter.
Mais il vous reste maintenant le plus important: entretenir avec lui une relation privilégiée qui vous fera dire "Parce que c'était lui, parce que c'était moi..." Et cela, nul ne peut l'enseigner. Il est possible, bien sûr, de donner quelques conseils qui pourront amener la compréhension maître/chien, comme ce livre essaye de le faire, mais à vous de trouver maintenant les mille astuces, les mille attitudes, les mille sourires et caresses qui seront uniques pour votre Caniche, puisque ce seront les vôtres.
Votre Caniche est merveilleux...
Soyez aussi merveilleux pour lui!.

Annexe

Adresses utiles

Société Centrale Canine
155, avenue Jean-Jaurès
93535 Aubervilliers Cedex
Tél.: 49.37.54.00

Le Club du Caniche de France
55, rue Traversière
75012 Paris
Tél.: (1) 43.41.80.89
Présidente: Mme Brestecher
Secrétaire: Mme Etienne,
22, cours J. Thierry
13001 Marseille

Assurances
Groupe Concorde
75443 Paris Cedex
Tél.: (1) 49.70.30.26

Pour l'entretien de son poil
Société Jean-Pierre Hery
B.P. 3951
44039 Nantes Cedex 04
Tél.: 40.89.38.56

Ambulance et urgence

Ambulance:
Paris et sa région
Tél.: 45.85.12.74
Bordeaux
Tél.: 56.04.16.19 (24h/24)

Urgences Ecoles vétérinaires
Paris (Maisons-Alfort) de 13 à 18 h dimanches et jours fériés toute la journée - Tél.: 43.96.23.23
Les autres écoles vétérinaires n'assurent pas de service d'urgence. Les consultations se font dans la journée.

Sos vétérinaires
Services fonctionnant uniquement de 20 h à 8 h et dimanches et jours fériés 24h/24:
Paris et proche banlieue Tél.: 47.45.18.00
Lyon - Tél.: 78.54.00.71, urgences à domicile 78.24.55.74
Marseille - Tél.: 91.64.61.66 (jours et nuits) et 91.63.09.00

Dispensaires SPA

Paris - Tél.: 46.33.94.37
Lyon - Tél.: 78.52.61.17
Amiens - Tél.: 22.52.16.30
Lens, Liévin - Tél.: 21.45.25.55
Rouen - Tél.: 35.63.20.27
Grenoble - Tél.: 76.09.43.67
Cannes, Antibes - Tél.: 93.69.92.95
Perpignan - Tél.: 68.50.91.60
Orléans - Tél.: 38.83.97.31
Marseille - Tél.: 91.80.14.31
Toulouse - Tél. 61.63.82.03

Et pour tout savoir...

Atout chien
Mensuel 12 N^os^ par an + 4 hors-série
1 ter, rue Antoine Coypel
78035 Versailles Cedex
Tél.: (1) 39.49.95.95.

3615 - code De Vecchi
Pour tout savoir sur les éditions De Vecchi: animaux, chiens, psychologie canine, dressage, élevage. Un serveur minitel pour disposer de centaines d'adresses utiles; un dictionnaire de toutes les races canines...; des petites annonces gratuites: une boîte aux lettres...

TABLE DES MATIERES

Introduction .... page 5

Origines-Evolution de la race .... » 7

Le standard .... » 15
Un certificat de conformité: le standard général .... » 15
Standard point par point .... » 19
Défaut .... » 30
Un proche parent: le Barbet .... » 31

Son caractère .... » 33
Le tempérament du Caniche .... » 33
Le langage du Caniche .... » 34

L'acquisition .... » 39

Le dressage .... » 47
Arrivée du Caniche dans la famille .... » 47
Ne pas le laisser révolutionner la maison .... » 51
La laisse et le collier .... » 55

Un mariage sans nuages .... » 59
Règlement international d'élevage de la FCI .... » 59
Le choix des reproducteurs .... » 63
La saillie .... » 65
Antiparasitaires .... » 67
La gestation .... » 67
L'allaitement .... » 68
Le sevrage .... » 71
L'amputation de la queue .... » 71

Le chiot .... » 73
Petit Caniche deviendra grand .... » 73
Les attitudes sociales .... » 76

Un chien de tous les instants .... page 77
Votre Caniche est formidable .... » 79
Un animal doué de raison .... » 81

L'alimentation .... » 89
Les besoins nutrionnels .... » 89
Maigreur et obésité .... » 92
Les dents .... » 93

Carnet de santé .... » 95
Le bain .... » 95
La toilette .... » 95
Les signes d'alerte .... » 96

Soins et secours .... » 99
Piqûres d'insectes .... » 100
Les corps étrangers .... » 100
Les poisons .... » 100
La trousse d'urgence .... » 101

En cas de malheur .... » 103
En cas de morsure .... » 103
En cas de choc .... » 103
En cas d'hémorragie .... » 103
En cas de blessures .... » 104
En cas d'arrêt respiratoire .... » 104
En cas d'état de choc .... » 104
En cas de fracture .... » 104
En cas de brûlure .... » 105

Maladies .... » 107
Maladie de Carré .... » 107
Hépatite contagieuse (ou maladie de Rubarth) .... » 108
Leptospirose .... » 108
Parvovirose .... » 108
Rage .... » 108

Vers-Vermifugation .... » 111
Vers .... » 111
Maladies et parasites externes .... » 112

Le Caniche dans notre société	page	115
Le Caniche dans la ville	»	115
Les transports en commun	»	123
Le Caniche en vacances	»	124
La responsabilité du maître	»	129
Toilettage	»	131
La toilette en lion	»	131
La toilette moderne 1960	»	136
La tonte dite “à l’anglaise”	»	139
Autres toilettages	»	140
Une séance de toilettage	»	142
Technique du toilettage	»	144
Quand il devient champion	»	149
La Société centrale canine	»	149
Les expositions canines	»	151
Se préparer à l’exposition canine	»	152
Conclusion	»	155
Annexe	»	156

Achevé d'imprimer
en mars 1993
à Milan, Italie, sur les presses
de Grafiche Milani

Dépôt légal: mars 1993
Numéro d'éditeur: 3236